# ビリ婆《バ》ル奮闘記

## プラチナエイジで(慶應)金時計

山田愛子 著

セルバ出版

# はじめに

本書は60歳の還暦過ぎに突然思い立ち、慶應義塾大学通信教育課程文学部に入学したものの、「単位」の意味もわからず、ゆえに卒業単位の見当もつかず、そして最初のレポートが8回連続落ちという散々なスタートから、4年半の奮闘の結果、思いもかけない慶應義塾大学表彰学生（金時計）として卒業できました展開の記録です。

その道のり（僭越ながら、参考までに具体的な入学志願書から卒論の書き方などを含めて）を残しておきたいと、自分の側から感じた通信ライフ物語ですが、出版を決意したときは卒業後8年が経っていました。

まさに教えることは学ぶことである、という「半学半教」のもとに、共に学び、励まし合い、そして実社会と同じ複雑で残念な人間関係も発生した通信生の勉強サークル「慶友会」。惜しみなく、ご自分の経験を分け与えてくださった会員の皆様、今は人生の一時期の戦友として振り返っています。

慶応通信ストーリーは、すでに3作ほど、その体験記が出版されていますが、ここに、還暦過ぎ、高校卒資格入学で、最高の栄誉、慶應義塾大学表彰学生として卒業した体験記を加えさせていただきました。

何だ、つまりは自慢ストーリなのかと思われるかもしれませんが、読んでいただけますと、決して、そのようなサクセスストーリーではないと理解していただけるのではないでしょうか。

既出の3作とは、違う年代、違う環境の立場からの本作で、ほとんどのレポート、試験が記述式の慶應義塾大学通信教育課程の本格的教育システム、それに比しての学費の破格の安さ、その志の高さ、懐の深さを感じていただけましたら、幸いです。

そして、本作の舞台は慶應義塾大学ではありますが、もう少し普遍的に「学ぶこととは」「成績とは」の意味、領域を考えるきっかけになってくれましたら、嬉しく思います。

山田　愛子

2023年2月

# ビリ婆ル奮闘記　プラチナエイジで（慶應）金時計　目次

## 第8章 慶應義塾大学表彰学生に選ばれて



## 付記 卒業論文

# 第1章　ビリ婆ル前夜

# 1　西野式気功教室

## カリスマ

あるとき、私はＴＶの画面に吸い寄せられた。ＴＶ画面では高齢の男性が合気道なのか氣功なのか、次々と若者たちをバーン、バーンと跳ね飛ばしている。

「凄い！　面白そう。よし、ここへ行って氣功やってみたい！」

Ｂ型双子座のせいかどうかはさておき、深く考えず何かに飛びつく傾向の私に夫のヒロはため息をついた。

「南青山か、確かあのあたりには、オウム真理教のヨガ道場があったのではないかな。教祖様に洗脳されないように気をつけなさいよ」

しかし、すっかりその気になった私は夫のそんな懸念を意に介さない。

「確かに、教祖やカリスマ系の人って、天性、人の心を操るのがうまいのよね。鞭とアメでね。でも、私、水商売上がりのしたたかな女よ。大丈夫よ、暗示やマインドコントロールにひっかかったりはしないから」

それでも、そんな私にクギをさすことをやめられないヒロだった。

「根がお人好しなのだから、自分を過信しすぎないことだね」

## おかしな人たち

その西野式氣功道場にいそいそと出かけた私は、更衣室にある張り紙を見て苦笑した。

「当道場では盗難には責任を待ちません。各自、責任を持って管理するように」

まったく、氣功を学びにきているのに、盗みをするなんてどういう神経なのだろうと、呆れながら階下の道場に足を踏み入れた私は息をのんだ。

ワンフロア全体を使った広い道場の中では、壁に沿って駆け回っていたり、大きな声で歌っていたり、クネクネと体を揺らして踊ったりしている人たちがいたのだ。四方の壁全面には緩衝材なのか、前面に白いクッションが貼られている。私以外は、みな至極平静に並んでいるようだし、そんな雑然とした道場の様子にも講師の先生たちは構わず澄ました顔をして次々と生徒達をさばいている。やはり、ここは危ない洗脳系なのかしらとヒロの注意が蘇る。

しばらくして、私は隣の列に並んでいた落ち着いた様子の高齢男性に思い切って話しかけてみた。

「あのぅ、少しお伺いします。あんなに派手に動き回っている人達が『氣』のパワーが強い人ということでしょうか？」

その男性は、チラリと私を見てから答えてくれた。

「いえいえ、あのような人たちは、ああやって自分の中にある弱さやストレスを発散しているのですよ。私は、この道場の最初からの、そう7人くらいしかいない頃からの生徒ですが、静かなものですよ」

（あー、よかった。あんな騒いでいる人たちがお手本なら、ここに通ったりするのは、やめよう

かと迷っていたくらいだったから。そう、やめるのはもう少し、見極めてみてからにしよう）

## 気の種類

横一列並びの、それぞれの列に並んだ各々の生徒たちを次々に跳ね飛ばしていく10人ほどの講師たちの中で、ひときわ小柄な年配の女性講師が不思議な存在として私の関心をひいた。私はその村田先生の列に並び、そして手首と手首を合わせて氣の対戦をする。村田先生は微笑みかけながら、

「いい氣を出していますね、もっと氣を出して」

と促すように声をかける。私は困惑しながら返事をする。

「え！　いいとか悪いとか氣の種類とかわかるのですか？　それに、私、これでも精一杯氣を出しているのですが」

「ふふふ、氣は頭で考えても、10年経ってもわかりませんよ」

次の瞬間、吹っ飛ばされて私は床に垂直に倒れた。

（いやー、凄い、でも、後頭部からバタンと倒れたのに、全く痛くもなんともないわ。意識して倒れるなんて普通できないのに）

## 鍼灸師

そう内心愚痴りながら、実際は飛ばされたり倒されたりすることが爽快で楽しく感じられてきた

私だった。今や1回でも多く対氣を経験したくて、倒されてもすぐに立ち上がり、また、別の講師の列に並び直す。そして列が進む間に、常連らしい方に村田先生についてたずねてみた。

「え、あの村田先生って、本職は鍼灸師なのですか?」

帰宅して、私はヒロに事後報告のように話しかける。

「私、今度、鍼灸の勉強をしようかと思っているの」

「え、鍼灸？　鍼灸って目の見えない人がするものじゃないのか」

「今は、普通というか健常な人も一杯いるわよ。だから目の見えない人たちの数少ない職業分野に割り込んで問題らしいの。でも、私、開業しようとか思っている訳じゃないの。ただ、学んでみたいだけ」

「そうか、愛子のお父さんは中国人だから、そのルーツが呼んでいるのかもなぁ。まぁ、興味の持てるものはやればいいよ」

## 2　鍼灸学校にて

### 入学試験

達観しているのか、面倒なのか、さらりと受け流したヒロに、私は構わず報告する。

「ガイドブックを買って鍼灸学校をいろいろ調べていたら、大森に東京衛生学園ってあるのを見つけたの。戦後すぐからの歴史と伝統もあるみたいだし、何よりうちから電車で一駅先の近さなの」まるで、おいでおいでをしているようなその学園の入学案内書をすぐに取り寄せて、そのまま私は入学試験を受けた。筆記試験の作文問題は「自分の長所と短所を述べよ」であった。面接試験は「QOLについて30秒で説明してください」の質問票が当たった。「ただ漫然と長生きだけを目指すのだけでなく、人生のクオリティ・オブ・ライフ、生きる価値、人生の中身の質を充実するように生きることが大切である」とか、以前にどこかで聞き知ったことを述べて無事に入学を果たした。

そして夕方6時からの夜間コースに通い始めた。夜間コースの同級生は高校を出たての18歳から還暦間近の白髪の男性まで多様な22名であった。

**実技試験**

数週間後、ついに生徒2人一組の交代で患者役となり実地に、鍼と灸の練習をすることになった。室内はあちこちであがる、悲鳴や謝罪の声で騒然としている。

数か月後、ついに実技試験が始まる。実技にはだいぶ慣れてきた私だったが、主任の教師からの宣言に緊張感が高まる。

「はい、今から実技の中間試験ですよ。試験官になる先生たちは1人で生徒10人の鍼とお灸のテストを受け持ちます。先生に出血やヤケドをさせたら試験は失格になりますから気をつけて慎重にやってください」

私は、鍼は大根に何回も刺して練習してきたことや、お灸は腿に跡が残るほど頑張ってきたことを思い返し、クールダウン、クールダウンと自分に言いきかせる。

## パソコンの試練

ある座学の時間、１人ひとりにノートパソコンが配られた。困惑して「私は、パソコンができません」と手を挙げた。教師は「これから必要になりますから」とさらりと言った。「それでは＠マーク〇〇」と私に構わず進めようとする。

（アットマークって何？　どこを押すの？）

おろおろしている私に、隣席の若い同級生が「山田さん、僕がフォローしますから」と言って＠マークを押してくれる。それからずっと横で手助けを続けてくれた。

その授業を終えた私はパソコンを買って勉強しなければ、と企業のＩＴ部署の部長を担っていたという年長の同級生のアドバイスを求めた。パソコンは買ったものの、パソコン用語に不慣れな私は、一生懸命つくった長い練習文をあっという間に消去してしまったりして、悪戦苦闘の連続だった。そんな私がヘルプを求める度に、彼は「山田さん、上から3番目、左から6番目をクリックして」などと忍耐強く教えてくれた。そのおかげでパワーポイントもマスターできていった。「ほんとは、手で書いたほうが早いのに、なんでこんなことを」と、当初愚痴を言っていた私だったが、後に慶應通信に入学してから、いかにこのときの経験が役立ったかを悟った。

## 卒業式

私が当時、六本木で営んでいた「カラオケラウンジ　せぴあ」と鍼灸学校の夜間コースとの両立は大変ではあった。９時までの夜間コースを終えて帰宅して夜用の服装に着替えて10時前後に店に駆け込んだものだ。よく店のスタッフから「今、○○さんがお帰りになったばかりです」と告げられ、申し訳ないとの思いと、この調子でこの先店は大丈夫かと無念の思いを何度噛み締めたことか。私だけでなく、それぞれ仕事や家庭をやり繰りして3年間頑張ってきた同級生たち、安堵と晴れがましい気持ちで鍼灸学校のホールに集合する。

ガミガミうるさ型だった主任教師を横に、気持ちが解放された生徒たちが好き勝手を言っている。

「あの先生、面接試験でお前らパスさせたのは俺だけど、つくづく俺は人を見る目がないな、って言うのが口癖だったけど」

「あの先生、毎年、同じことを言っているらしいよ」

そんな冗談も今は楽しく聞き流しながら、私は隣席のがっしりした体格の中年女性に話しかけた。

「葉村さん、皆勤賞おめでとう！　看護師で日勤、準夜勤、夜勤の3交代制と子育てをやりながらだもの、信じられないくらい凄いわ！」

「ありがとう。看護師って、自分が心身病んでいる人が多いのよ。だから私も鍼灸を受けながらやりくりしていたの。おかげで西洋医学だけじゃなくて、東洋医学の素晴らしさにも目覚めたのよ。これからは看護師として、鍼灸師として患者さんのケアができるようになるわ」

つい、感傷的になってきた私だったが、若い男子同級生の放つ言葉に興醒めを覚える。

「先輩が言っていたけれど、学生のうちが花だって。開業しても、この学校に学費払った分、回収するのも大変だし、患者は文句ばっかり言うし、って」

「せっかく、これから卒業式なのに、嫌な感じをまき散らさないでよ」

と彼を睨みつける。

## 乳がんになって

卒業の翌2000年、私は乳がん三期の診断を受けることになった。

「ついに確定診断がついてしまったわ。もしかして良性かもと一縷の希望を持っていたけれど。折角卒業してこれから治療者だというのに、自分自身が病気になってしまうなんて」

「ニューヨークの鍼灸学会に行っていた頃は、試験と重なってほとんど寝てなかったみたいだったし、無理を重ねすぎたね」

「確かに時差ボケと深夜営業でリズムが狂ってから辛い時期が長かった。全くそのおかげで鍼灸師にもなれたけれど、乳がんにもなってしまったし」

「ま、手術も抗がん剤もやったし、あとは鍼灸や氣功の東洋医学の力も借りれば大丈夫だよ」

「そうよね。乳がんになっただけでは、なり損、だものね。それで卒業後の勉強会で知ったのだけれど、ツボにアロマを塗る療法セミナーがあるの。それだと、患者さんにとって痛そうな鍼より抵抗感がなくて受け入れやすいでしょう。だからアロマセラピーも学ぼうと思うの。こんなに勉強好きだったなんて自分でもびっくり。若いうちにわかっていたらひとかどの人物になれていたかも。気づくのが遅すぎたわ」

# 3　アロマスクール事件

## ラベンダー先生

乳がんはショックだったものの、結局はへこたれてばかりではいられず、これはと思うベルギーが本部のメデディカルアロマテラピー「ＮＡＲＤ」を教えるスクールを見つけ出した私は、東京青山にある目的のビルへ向かった。

通い始めて数週間後、講義が始まる前に、女性スタッフが精油科の教室に入ってきた。

「今日は、ゲスト講師として、広尾でアロマショップも運営なさっている先生に来ていただきました。アロマ名はラベンダーの古賀佳子先生です」

にこやかに挨拶をする古賀先生を見た私は、綺麗で優しそう、声も素敵とすぐに好感を覚えた。それを縁に、私は広尾にあるラベンダー先生のアロマショップに時々精油を買いにいくようになった。

数か月後、アロマインストラクター講座終了の報告に行ったとき、意外な展開が待っていた。

## 認定校取り消し

「ラベンダー先生、私、もう直ぐＮＡＲＤ認定のアロアインストラクターの資格が取れそうです」

意気揚々と報告すると、ラベンダー先生は気の毒そうに告げた。

「あのぅ、愛子さん。そうなのね。でも言いにくいけれど、あの表参道のスクール、ＮＡＲＤとトラブルになって認定校の資格を取り消されたの。ベルギー本部へ保証金もきちんと納めていなかったらしくて。だから、あそこのカリキュラムを終了したとしても、ＮＡＲＤのインストラクター資格は取れないみたいなのよ」

まったく思いもかけない話に私は唖然としてしまう。

「え、そんなー、もう入学金や授業料で60万円くらい払い込んでいるのですよ。しかも、今の話、初めて聞きました。今の今まで学校側からなんの説明も聞いていません。それでは、まるで詐欺ではありませんか！」

「本当にひどい話よねぇ。でも、もし、まだＮＡＲＤのアロマインストラクターになりたいのなら、うちは認定校なので、お引き受けするわよ。費用は、そうねぇ、10万円でよろしくてよ」

「えー、でもそれですと、教材の精油代にもならないくらいですよー。しかし、あの学校ひどいです。あそこのパンフレットには経営者夫妻とも鍼灸師であると書いてあったから信頼していたのに、入学スピーチでも人材でも人災でもなく人財になるようにと言っていたのに！　もう訴えようかしら」

「あそこ、もう学校ビジネス自体を廃業するらしいわよ。でも、このままでは一生懸命学んでいた愛子さんがお気の毒だから、私のほうはそれで大丈夫よ」

「うーん、このままでは全く無駄な結果になりますね。やはり鍼灸とアロマの融合ヒーリングを目指すには、NARDの資格があったほうが信頼されると思います。ラベンダー先生、よろしくお願いいたします」

「インストラクター資格を取ったら、愛子さんのアロマ名はローズにしましょう」

## アロマ教室

こうして、また一からアロマセラピーを学び直すことになったが、香りの世界の学びは奥深く、費用は余分にかかったが、負け惜しみでなく、ラベンダー先生の教室に通うことは楽しく張り合いがあった。1年後、NARD認定資格を得た私は広尾のマンションの一室で週1回開かれるラベンダー先生主催のアロマ教室でインストラクターを務め始めた。そこでは、数十種類の精油の遮光瓶を前にして、年代もいろいろな10人ほどの女性たちが受講している。

「それでは、今回はご自分のお好きなアロマを選んでアロマ石鹸をつくりましょう。精油の種類は3種類まででね」

受講生が、数十種類の精油の中からそれぞれ好みの精油を選んで調合している。その結果、自分のイメージのような香りができるかどうか、この時間が一番楽しいことを、私は自分の経験上知っている。教室は、様々な香りで、それでも人工の香料が混じり合うのとは違って不思議な爽やかさに充たされていく。

## アロマ教室の閉鎖

数年後、私は硬い表情のラベンダー先生と向かい合っていた。

「ローズ先生、突然の話で申し訳ないけれど、今度、広尾のお店を閉めることにしたの。それで、アロマ教室も閉じることになるの。ごめんなさいね」

「お店もアロマ教室も、ですか！　私、生徒さんをアロマアドバイザーに育てるインストラクターの仕事、とても楽しかったのに！」

「ごめんなさいね。こちらの一方的な都合で……あのね、私、今度、結婚することにしたの。そろそろ落ち着きたいと思うようになって」

「そうだったのですね。でも、潮時なのですね、私だって、ラベンダー先生に甘えているだけの自己満足のものでしたし。それでは、ラベンダー先生、これから専業主婦になられるのですか？」

「そうねぇ、しばらくは新しい生活のリズムに慣れなくてはと思っているけれど。地元のカルチャー教室で、アロマやお香の講師などできたらいいとは思っているのだけれど」

「そうですか。わかりました。新しい人生に踏み出されるラベンダー先生を応援します。今まで女1人で頑張ってこられたのですから、幸せになってくださいね」

「ありがとう。これからも、友達としてよろしく、ね。それと、もうラベンダー先生、ローズ先生、とか呼び合わないようにしましょう。もう、これからは、ただの佳子さんと呼んで」

古賀先生を祝福する気持ちに嘘はなかったが、アロマも鍼も活かす場所のなくなった私は、取り止めのない気持ちになって帰宅した。かといって開業する気持ちはなかった。もう、お客や患者を持つ店という形態は繰り返したくなかったのだ。修得した鍼やアロマセラピーは、自分とヒロ、少数の友人の健康維持に役立てるだけで十分だと割り切った。

## 4　慶應義塾大学通信教育課程へ志願

### モロッコ

こうして、教室での仕事自体はなくなったが、アロマの勉強だけは途切らさず、NARDの研修旅行でモロッコの「薔薇の谷」訪問とローズオイル精製所見学ツアーを終えた私は、佳子さんと品川のレストランで向かい合っていた。８月の暑熱の外と違って店の中はひんやりと快適だ。

「5月の『薔薇の谷』は薔薇の香に満ち満ちているベストシーズンとの触れ込みでしたのに、今年はどういうわけか、ピークが早くきて花を収穫した後で薔薇はほとんど残っていなかったのです。葉っぱだけの一帯を見たときは残念でしたが、でも、モロッコ自体はアナザーワールドでエキゾチックでした。山あいにところどころある家で見かける目の下まで半分覆っている女性達は、カメラどころか目を合わせようとすると、隠れるように家に駆け込むのですよ。そんな姿を見ていると、生まれた場所で女性の立場が全然違う、自由に国境を超えて顔も隠さずに旅をできている自分はたまたま幸運なだけなのだと感じました。でも子ども達は、天真爛漫な笑顔で笑い返してくれていましたけれど」

「子ども達は、宗教による戒律や地域の習俗にまだ縛られていないでしょうから。でも教育も不十分なままだと、大人になるにつれて世間に馴らされていくのね」

「そうですねぇ。楽しい旅行でしたけれど、ひっかかる部分ではありました」

## ルーズルーズ

「佳子さんの結婚生活、最初の頃は、ご主人のこと、のろけていらっしゃったけれど、この前は、ちょっと、悩んでいるみたいな感じでしたけれど」

「そうねぇ、最初の頃は駅まで車で迎えに来てくれて、家に着くとお風呂も沸いていて、なんてね。でも、今は、結構、高圧的な面も見えてきて。なんで、私、お店もやめて結婚に急いだのかしら」

寂しそうな表情を浮かべる佳子さんを、私は、なんとかフォローしなければと焦った。

「まぁ、ご主人さま、会社でも上に立っていた方だったから、悪気なく、自然と」

「まぁ、お互い、若い人同士の結婚と違って、自分のスタイルが出来上がった者同士の結婚って難しいわよね。でも、相手を変えようとか、相手のせいにしてもルーズルーズになるだけ。発想を変えなきゃ。相手は鏡に映った自分でもあるしね。それでね、愛子さん、私、来年から武蔵野大学で仏教の通信教育を受けようと思うの」

「またまた、佳子さん、私を驚かせてくれますね、でも、それって素敵なことですね」

## 向学への思い

佳子さんの思いがけない告白に、自分の胸にも突然向学への思いが湧き上がってきた。あのモロッコの女性が家に駆け込む前に一瞬見せた強い眼差し、はるかに自由を謳歌しているものへの憧憬か羨望か、または敵意か憎悪か。自由を抑圧されない時代と環境にいられる自分、何をためらい怯む必要があろうか。帰宅した私は進学への決心をヒロに告げた。

「あのアロマの佳子さんが武蔵野大学の通信教育を受けるそうなの。今まで考えてみたこともなかったけれど、私も高卒だし、大学なるものに行ってみるのも面白いと思うの！」

「今度は、大学かぁ。君は宅地建物取引主任者の資格もただ持っているだけだし。でも、生涯教育の時代だから、いいじゃないのか」

「そうよね。宅建とか鍼灸とかアロマだとか、ただの資格マニアだけ、実際に社会で活かせていない、つまり稼げていないなんて価値がないと馬鹿にされたようなことがあったけれど。ま、いいわ。さてと、私の場合は、慶應よね、うちから歩いて15分だし。希望学部は、経済学部は数字に弱いし、法学部は、法律、辛気臭くて面倒そうだし、本読むのは苦にならないから、文学部よね、文学部に決めた！」

## 42年前の卒業証明書

勝手に慶應義塾大学文学部と見定めたのであったが、通信制学部があるのかないのか、それすら定かではなかったので、確認のためネットで検索し始めた。

（慶應に通信制度はあった！　しょっちゅう慶應のある三田通りを通っていたけれど、通信があるかどうか知らなかった、というか、そもそも関心自体もなかったのだけれど。あれ、入学は来年春からと予定していたけれど、今年10月からの秋季入学募集というものがあるじゃない！　わ、あと、応募までひと月くらいしかないわ。必要書類がいろいろ書いてあるけれど、大変、卒業した高校の成績証明書とか取り寄せなければ、わ、間に合うかしら？）

途端にスイッチが入った私は、出身校の福岡雙葉学園高等部に電話をかけてみる。

「もしもし、42年ほど前に卒業したものですが、卒業証明書と成績証明書を送付していただけないでしょうか？」

受話器の向こうから職員が困惑している様子が伝わってくる。

「えー、42年前のですか？　そんな昔のですか！　その、こちらは、ちょっと今、10月の文化祭の準備で忙しいのですが」

「はぁ、ご迷惑をおかけして申し訳ありません。そこをなんとか、あのぅ、こちらも秋季入学の申し込みの時間がギリギリなのです。ホントお願いいたします」

「はぁ、仕方ありませんねぇ。やってみますが、間に合わないかもしれませんよ」

「はい、お手数をおかけいたします。本当に申し訳ございません。できるだけよろしくお願いいたします」

電話をきって私は、なすべきことをした安堵と、自分が図々しく押したような後味の悪さがミックスしてため息をついた。

(やれやれ、凄く迷惑そうだったわねー。無理もないけれど)

## 一番の成績書

数日後、封書が届いた。

(やった！　渋っていたけれど、さすが我が母校、卒業証明書と成績証明書をちゃんと送ってくれたわ。成績書のほうは最後の学年の分だけで助かった。高等部1年のときは下から数えたほうが早かったものだけれど、最後の学年は大学へ行くつもりで頑張ったから。中等部に入学したときこそはトップクラスだったけれど、宗教の時間で神の存在への疑問点をシスターにお手紙したことにお返事がなかった、廊下で出会ってもずっと無視されていた。そう思い込んで拗ねてやる気をなくした頃から、急降下していた成績がおかげで、クラスで一番に繰り上がったときだったたし。ほんと、あの頃は、反抗期というか、ふてくされた態度で教室の最後の列で好きな本ばかり読んでいたけれど、どの先生からも注意もされなかった。まるで放置されていた。そもそも私なんか、父は中国人だし、水商売の母の片親育ち、良家の子女ばかりのカソリックお嬢様学校では異物だったのだから、面倒なことは避けたかったのかもね。

さて、あとは小論文と志願書だけね。自分で選んだ書物について八百字で論ぜよって、私、小論文とか書くことはじめてだけれど。でも、テーマは文学部にふさわしく『地球幼年期の終わり』から善と悪、人類の進化とは、についてにしよう）

## 5　慶應義塾大学通信教育課程出願小論文

### 『アーサー・C・クラーク　幼年期の終わり』について

「『幼年期の終わり』とは、高度な文明を誇るに至ったと思い込んでいた人類が宇宙の大いなる『神のごとき上帝』から見れば、全く幼年期の段階でしかなく、それにも拘わらず自惚れ退廃している人類を『リセット進化』させるというＳＦ寓話であるが、『人と神とは』『善と悪とは』『完全とは』『進化とは』と人類に根源的な問いを投げかける壮大な物語である。

中学、高校時代、自分が通っていたカソリック系のキリスト教教育の学園では週１回、『宗教の時間』があり、初めて触れるその世界は、西洋文明の光を伴い崇高に輝いてみえた。

しかし、途中で『何故、万能の神なのにアダムとイブに裏切られたとお怒りになるのか？　見通せた筈では？』『ご自分がつくられたのに原罪を負わせるのは？　又その我が子がナチスや原爆をつくり殺戮しあうのは？』と疑問が沸き、担当のシスターに手紙を出した。

しかし直接的な返事は中学、高校の6年間なかった。その後も無意識にも答えへのアンテナを立てていた私に、この本は衝撃を与えた。特に神のごとき『上帝』が悪魔の姿をしていたということは。これは神と悪魔は一体であるということを示しているのか、善悪は裏表という比喩なのか？ 究極の進化は究極のニヒリズム、人類の進化とは結局このような帰結になるのだとすれば、このまま不完全な人類であるほうがましと思うのは不遜なのか、しかし、人類より遥かに進歩した『上帝』の諦観漂う悲しみまで描いたこの本は、哲学書でもあり宗教書でもあり魂まで揺さぶる文学である。晩年、出身国の英国より、海と空と星が宇宙をより感じさせ、人間が文明化しすぎていないスリランカに住んだ作者のSFという範疇を超え、時を越えた文学遺産である」

この提出した小論文は段落を全く無視していたことを入学後に認識した私は、よくこれで入学を果たせたものだと首をすくませた。また、入学志願書には、後に思うと生意気なことを書いて出願していた。

## 6　入学許可

**入学志願書**

「鍼灸師、アロマセラピストの山田愛子と申します。

自分が若く地方在住者だった時代には、慶應義塾大学は知的で良家の子女が通う大学だと思っていましたが、上京後、近くに住むようになってからは、慶應義塾大学の周りには書店もなくアカデミックな雰囲気は感じられず、そのような憧れを感じることはなくなっていました。けれども、慶應義塾大学創立者の福澤諭吉先生の開明的な精神は、今でも深く尊敬しております。自分は福岡雙葉高校卒業後、東京女子大学短期大学部英文科に合格するも、入学前の春休みにファッションモデルになることになり、当時は特に勉学したい訳でもなく、そう残念にも思っていませんでした。人生の後半に至り、東京女子大学短期大学部を入学辞退した為、系統的な勉学の機会を放棄したことが心残りとして浮かび上がってきました。慶應義塾大学の文学部紹介を読み、このような環境で今までのような断片的ではない、系統的で総合的な『知』と出会いたいと願うようになりました。現在希望している文学部は実利には結びつくものではなく、新たに資格を得られるものではないことは承知しております。しかし、この文学部で世界の文学、歴史、民族的問題、教義では割り切れない人間の心について学び、より世界の友人達と繋がっていけたらと、希望しております。どうぞよろしくお願い申し上げます」

## 入学許可

ひと月後、大判の封筒を帰宅したばかりのヒロに私は押し付けた。

「慶應から封書が届いたの！　結果が怖くて開けていないのよ。あなた、開けてみて、お願い」

ヒロは苦笑しながら開封してくれた。

「はいはい、どうぞ」

「わ！　入学を許可するって！　やった、ヤッタァ」

「ハハハ、封書が厚かったろう？　不許可なら紙1枚で薄っぺらいよ。厚かったってことは、いろいろ手続き書類が入っていることだから入学ＯＫってことだよ」

「もう、なら早く言ってよ！　やきもきしたじゃない。あれ、入学金の振込用紙が入っている、ちゃっかりしているね」

「当然じゃないか。取り消されないうちに早く振り込みなさいよ」

「今まで、鍼灸学校やアロマスクール、そうそう、宅地建物資格の予備校も、あれこれ入学金払いこんだなぁ。でも、慶應って、いくら通信だからといって、ずいぶん入学金が安いものだこと。学費なんて年間で8万円よ！　こんなに安いなんて、テキトーな内容なのかしら。一応、慶應義塾大学っていうブランドなのだから、パンフレットのようなテキストを送って終わり、というようなそんないい加減なことはしないとは思うけれど。入学できて嬉しいのか、なんだか心配なような複雑な気分だわ。でもでも、もうこれで、これから私は花の女子大生ね。還暦過ぎているプラチナ世代だけれど。あ、言い出しっぺの佳子さんより先に入学することになってしまった！」

「まぁ、頑張ってください」

このとき、私は、入学後に待ち受けている地獄をまだ知らなかった。

# 第2章　慶應義塾大学通信課程に入学して

## 1　最初の戸惑い

### 理系のテキスト

秋季入学に向けて慶應義塾大学通信事務局から、自宅宛にひと抱えもある段ボール箱が届いた。

（あぁ、慶應からこんな大きなダンボールが送られてきた。地理学や、生物学、化学、物理学まであるわ！　私、文学部なのに、なぜこんな課目が入っているの。出だし早々、悪い予感がする）

座り込んだまま、呆然としていると、母が心配そうに話しかける。

「あなた、入学できたと喜んでいたのに、もう文句言っているの？」

「うーん、年間学費信じられないくらい安い８万円ほど（２００９年時、のちに10万円に値上げ）なのに、こんなにいっぱいテキストが送られてきてありがたいというより、ショックなの。慶應通信の内容、慌てて入学志望したから下調べなんかしていなかったし。単純に好きな本やおすすめの本を読んで、立派な教授の講義を聞いて、文学の香りに包まれた生活が始まると勝手に夢を思い描いていただけだったのに、理系のテキストもあって様子が違うの」

### 3分類の資格

ようやく渋々と同封されていた『塾生ガイド』、『テキスト課目履修要領』を読み出しながら、通信制度が大学卒の学士入学、短大卒の特別課程入学、そして高校卒の普通課程入学の３つの資格に分類されていること、それぞれの資格によって必修単位が異なることを理解しようと努め始めた。

そもそも「単位」というものが、どういう意味なのか、大学に行ったことのない私にはピンとこないのであった。だから卒業には１２４単位（卒業論文の８単位を含む）が必要とあっても、それに要する時間ですら予想ができないのだ。

仕方がない、直接、『塾生ガイド』に書かれている通信事務局へ問い合わせして、このモヤモヤ感を解消しなければ、前へ進めないではないかと決意して、どの部署にかければいいのかも、わからないままに通信事務局へ恐る恐る電話をした。

## 教養課程は必修だった

「あのぅ、文学部の山田愛子と申します。入学したばかりでいろいろ飲み込めておりません。それで、確認させていただけますか。私は文学部なのですが、それでも、この物理とか生物学とかの自然科学分野も勉強しなければならないのでしょうか？」

「そうですねぇー。大学卒入学なら教養課程は必修外国語以外の40単位、短大卒なら同じく18単位が免除になりますが、山田さんは、高校卒の入学資格のようですから、教養課程全単位が必修になりますね」

「あー、やっぱりそうなのですか。では、自然科学課目の物理学、生物学、地学、化学の４課目中から2課目は取らないといけないのですね」

「はい、最低でもそうなりますね」

文学部なら、自然科学分野は免除される道もあるのではないかとの微かな期待も失われて、私はガックリとなった。

もうこの時点で、すでに入学したことを後悔し始めたが、しかし流石に、こんなに早々と撤退するのは自分にも恥ずかしかった。

**入学式**

入学して約半年後の翌年4月、春季入学生組と共についに入学式に参列することになった。

慶應義塾大学の制服を着用し、大きな大学旗を腰に巻きつけて支える通学生を先頭に応援指導部のブラスバンドがマーチング入場してくる。

（ワォ、本格的な入学式だわ。あの旗手の学生さん、腰を痛めないかしら。でも、清家塾長もスピーチしてくださったし）

斉唱され出した「慶應義塾大学塾歌」は馴染みがなく、歌詞の格調も高くて新規入学組はシンとしていたが、応援部主将の力強いエールを受けて、慶應義塾大学応援歌「若き血」の聞き覚えのあるメロディーが演奏され始めると、バラバラだった会場が一体感に包まれていく。

（通信だけあって、前方の席には白髪やハゲの人も多くみえるけれど、『若き血燃ゆる、光輝充て

る我らー』なんて聞くと、還暦過ぎの私にも若き血が満ちてくるようだわ。よし、頑張るぞ）

## 2　慶友会

### 三田慶友会

晴れの入学式を終えてホールを出ると、構内には幾つもの「慶應義塾大学認定の勉強会サークル」いわゆる「慶友会」が机を並べていて新入生に声をかけたり、パンフレットを渡したりして勧誘してくる。

（勉強会かぁー。去年の10月に入学してから、この4月まで半年以上、独学で頑張っても、まだ、英語Ⅱで2単位とっただけ。この調子だと卒業資格124単位取るのに何十年かかることやら。やっぱり、『勉強会』とかには入ったほうがいいのかなー。私の場合だと、自宅の場所からいっても『三田慶友会』だね）

帰宅後、三田慶友会に入会申し込みをする。指定された勉強会の場所は慶應義塾大学の学舎の一室だった。

後日、初めて大学の教室というものに足を踏み入れた私は、ワクワクした気分で周りを見渡していたが、いろいろな年代の数十人の会員と壇上の女性が親しげな雰囲気の中、知り合いが1人もいないせいか、心細くなってくる。

## 最大在籍期間は15年

会長とおぼしき壇上の中年女性が「今から新入生のためのオリエンテーションを始めます」と一段と声を張り上げた。

「では、皆さん、英語の単位、最低4種類8単位、そのうちスクーリング2単位は必修ですので、それを取ることから優先してください。慶應の英語は昔から難物で有名で、これにつまずき、卒業できない人が大勢いますので。私はこれから在学13年目に入ります。皆さん、一緒に頑張っていきましょう！」

（えー、会長自身が13年目ですって！　大丈夫かなーこの会は？）

私は動揺を覚えながら、勉強会が終わるタイミングに、会長に個人的に質問しに行く。

「あのぅ、失礼ですが、会長は、13年目に入られたとおっしゃいましたね。確か、慶應通信の在籍期間はリミット12年と聞いているのですが」

「あ、そうなのですよ。在籍期間は本来12年が最長期間です。でも、その期間で卒業できない人たちのために、ある基準をクリアしていれば、あと3年延長できるシステムにもなっているのですよ。そのためには英語4種類のクリアが絶対条件なので、先ほど皆さんに、念のためお話したのですよ」

会長は、ベテランらしく堂々と答えてくれる。13年間も在学中という負い目は全く感じられない。その点は心強いものを感じる。しかし、会長自身が13年という数字は、衝撃だ。

「それでは、つまり在学が許されるのは最大15年あるということですね。教えていただいてありがとうございました」

（いやー、まいったなぁー。60歳過ぎて入学したのに、12年とか、15年とか、冗談じゃないわ。もう寿命との戦いになるじゃない、体力、気力、記憶力そうそう、経済力が持つかしら）

## 旧約聖書からの出題

勇んで入会はしたものの、私はがっくりして教室をあとにしようとした。そのとき、教室の片隅で何やらミーティングらしきことをしている男女に気づいた。その様子をしばらく観察した後、タイミングを見計ってリード役らしい男性の方に話しかけてみた。30代かな、と思えるその男性は同じ三田慶友会の会員であったが、アルバイトで英語を教えているという。英語のレポートに手詰まり感を覚えていた私は、自分にも教えて欲しいと、彼の条件と連絡先を聞き出した。

なにしろ、今、取り組んでいるレポート課題にあった英単語のＪｏｂを仕事のジョブと思い込んでいたのだが、やっと、それが旧約聖書の登場人物のヨブと気づくまで混乱していた。まさか、旧約聖書から出題が出るなどとは思ってもみなかった私は暗澹としていたのだ。

（今年の課題はシェークスピアからで単語が古くて困っているとか言っていた人がいたけれど、去年のこちらは旧約聖書の『ヨブ記』からなのだから、もう、人名なのか地名なのか、ピンとこず大変なのだから）

高校を出て以来何十年、英会話教室に通ったことはあっても、本格的な英語の勉強や、ましてや英検やTOEFLなどの認定試験を受けたことなどなかった私は、きちんと英語を学び直さなければ、慶應英語を攻略できないと悟った。

## サイゼリア教師

こうして、英語を教わることになったMJ君からは、三田のファミレス「サイゼリア」でコーチングを受けることにした。1時間3000円の2時間単位で交通費付きの条件で、軽食やお茶はサービスさせていただく。

日本の法政大学を卒業後、イギリスのロンドン大学に留学し、日本の大学教員を目指しているというMJ君は、とても熱心で誠実に取り組んでくれた。

しかし、提出レポートの問題で5つの文型の中から、正解を選ぶという設問には、私と意見が食い違った。教える側だという自負心に満ちて第5文型を主張していた彼だったが、第3文型ではないかと食い下がる私に根負けして、次の学習日までに日本の出身大学の恩師に確認をしてくれることになった。

しかし、恩師も微妙な答えだったようで、結局、ロンドン大学時代の先生に国際電話で問い合わせをしてくれていた。

結果、生徒だった私の直感のほうが正しかった。

「イヤー、自分にも、勉強になりましたよ。あらためて慶應英語の奥深さを感じたなー」

ＭＪ君は素直に謝った。

「これからは私が教えてあげるね」と私はからかった。

こうして、約半年間、ＭＪ君に家庭教師ならぬサイゼリア教師を務めてもらった。

しかし、だんだんと英語の勉強の要領がわかってきた私は、自分１人でやることにして２人の契約は円満に終了した。

## サイゼリア教師の死

次にＭＪ君に会ったのは、翌年の夏のスクーリングであった。

彼はもともとあったという持病が悪化したとかで車椅子に乗っていた。休み時間に、バッタリ出会った私はちょうど自販機で飲み物を買おうとしていた途中だったので、ついでにＭＪ君のリクエストもたずねてみた。

数年後、彼がフィリピンで病死したことをＦＢで知ったとき、驚きと悲しみを覚えた。

若者たちに英語を教えることが将来の夢だと語っていた彼、苦心作だったというオール英語で書かれたレポートを見せてくれたときの、それでも誇らしげだった笑顔。あの夏スクのとき、立て替えた自販機の飲み物代、小銭がないという彼に「ついでに買ってくるから後でいいですよ」と言ったまま、まだ返してもらっていなかったのに。

ＭＩ君、あれから挑戦した３種類の英語のレポートも試験も一発で合格していったよ。ありがとう。あなたに真剣勝負で教わったことが基礎になったおかげだよ、心の中で拝礼を捧げた。

## 3　マンマとの出会い

### 湘南慶友会

懸命に「慶應通信　学習の手引き」を読んでいたとき、あるページに目が止まった。そこには「湘南慶友会の案内」というお知らせが掲載されていた。

（ここの勉強会って三田慶友会と比べてどんななのかしら。もう直ぐここの勉強会が、あるみたいだし、問い合わせ先の電話番号も載っているし、一応、電話してきいてみようかしら）

「三田慶友会」に、なんだか物足りなさを感じ始めていた私は、ふと、この「湘南慶友会」に心惹かれ、記載されていた連絡先に電話してみた。

「あのぅ、初めてお電話させていただく昨年秋期入学生の山田愛子と申します。『湘南慶友会』の勉強会に見学だけ、させていただくことは可能でしょうか？」

「山田さんですね、お電話をありがとう」

柔らかい声音に一瞬安堵したのも束の間、次の瞬間はキリッとした調子がかえってきた。

「もちろん見学だけでもできますが、是非、『湘南慶友会』にご入会くださいな」

早速、条件付きなのかと、失望しかけた私は、はや逃げ腰な気持ちになる。

## マンマの押し

「いえいえ、私はもう自宅近くにある『三田慶友会』に入会済みですし、うちからは『湘南慶友会』の会場の神奈川県大和市までは遠いので、入会までは、とてもとても」

「何をおっしゃいます！『湘南慶友会』は、日本中、北海道から沖縄まで、いいえ、それだけでなく、海外からも沢山参加されておりますのよ」

その自信たっぷりな押しにタジタジとなりながら、どう切り抜けようかと困惑する。

「そ、そうですか。でもでも、やはり私はちょっと、その、無理かと思いますので、先ほど言いましたように、もう別の勉強会にも入っておりますし」

しかし、相手は怯まず、そのペースを崩さない。

「ぜひ、こちらにもご入会くださいませ。『湘南慶友会』は創立から35年近い、慶應通信の勉強会の中では一番歴史と実績のある勉強会なのですよ。山田さんをきっと、きっとご卒業させるようにいたしますから」

「いやいや、そんな。私はまだまだ、そんな段階では」

「いえいえ、早く入会すればするほど、ためになりますのよ。入会なさった方は皆さま、そう実感されておられますのよ。私は法学部、経済学部を卒業しまして、通信の皆様のお世話をするためには、在学生の必要がありますので、文学部にまた入っておりますの。『湘南慶友会』から受けました御恩をそういう形でお返ししていますの」

絶対に、このしぶとい説得に屈するものかと思っていたのに、なぜか急に気弱になっていった。

先ほどまでの決意とは裏腹に言葉が出て行った。

「そ、そうですか、いやー、恐れ入ります。それでは、入会させていただきます。どうぞよろしくお願いいたします」

**会費3000円**

やっと電話をきって私はため息をついた。

(いやーまいったなぁー。押されて負けてしまったー。しかし、なんだなぁー、会ったこともない人に、しかも遠いの、なんだの、とごねている人間をよくもあんなに熱心に誘えるものだこと。いやーあの人、声は柔らかいけれど、ずいぶん決然とした物言いをする人だったなー。あんな自信タップリに断言していたけれど、本当に卒業を請け負えるのかしら。詐欺師みたいな人なんじゃないかしら)

グズグズ呟いていると、ヒロがとどめを刺すように言う。

「ごちゃごちゃ言ってないで。そこがやっぱり駄目ならすぐやめればいいのだし。年会費3000円なのだろう」

## 新会員歓迎会

「湘南慶友会」に入会して早々、「新会員歓迎ＢＱＱ大会」のお知らせがきた。まさか、そんなサークル活動的なものがあるとは思ってもみなかった私は、好奇心と共に指定された藤沢市郊外にある屋根付きの農園に出かけた。

その年の新会員は12人ほどで、それぞれ自己紹介を求められた。そこで、高校卒での普通課程入学は私ともう１人の女性だけで、半数は大学卒の学士入学、後は短大卒の特別課程入学なのを知って驚いた。

「私、今まで慶應通信って高校卒の人が、大学卒の資格を得るために入学してくるのがほとんどだと思っていたので、こんなに少数派だなんてびっくりしました」

と、同じ普通入学の女性にため息を漏らした。彼女も「ほんとですねー」と頷いた。

なんと餅つき大会が始まった。新入生は杵をつく決まりだと言われて、戸惑いながら杵を持ち上げる。「よいっしょっ」の掛け声にはやされて重い杵を臼の中の餅に振り下ろす。２、３回で交代できてほっとする。

汗を拭いながら、私は新人会員に会員としての自覚を持たせるために、こういう通過儀礼を用意してくれている「湘南慶友会」に感心した。

まわりを見渡すと、命令系統もなさそうなのに、自然な流れで先輩たちが臼や用具を片付けたり、つきたての餅をまるめたり、スムーズに分業を行っている。

## 義足の会員

そして二人三脚サッカーなどという無茶苦茶なスポーツゲームで童心に返った後のバーベキューでは、新参者が率先して焼き方を務めるべきなのであろうと、煙にむせながら肉や野菜をひっくり返す。

一段落して空いた椅子に腰掛けて一息ついていると、目の前に松葉杖をついた女性が立っている。慌てて席を譲ろうとすると、それを制した女性は微笑んだ。

「立っているほうが楽なのです。ありがとうございます」

ズボンをめくって見せてくれた足は義足だった。私でさえ、雨の後でぬかるんでいる農園の地面は歩きにくい。勉強会だけでなく、こういう交流会にもハンディがありながら、参加しているその女性をみて高校卒は少数派だとひがんでいる場合ではないと私は思い直した。

## 往復4時間

初めて参加する勉強会、その例会日に、神奈川県大和駅から徒歩15分ほどにある「湘南慶友会」の会場へ地図を見つつ向かっていきながらブツブツ文句を呟きながら歩いていた。

(もう、家から会場まで乗り換えを入れて2時間、往復4時間くらいかかるわ、『三田慶友会』の会場なら歩いて片道15分なのに。全くもう！　自分の気の弱さのせいとはいえ、なんでこんな羽目になってしまったのかしら)

## 慈母のようなマンマ

思ったより、駅から遠かった勉強会の会場で、私は新参者の緊張感にみちてマンマや先輩達に挨拶をした。

「初めて参加させていただく山田愛子と申します。去年の入学以来、8か月経っているのにまだ英語の1種類2単位だけしかとれていないのです。その課目だけがレポートや試験に選択問題もあるので、とりかかりやすいと事務局が教えてくれたのです。あとはレポートも試験も全部記述式だと聞きました。でも、何からとりかかっていいのやら呆然としたままでいるのですが」

あらためて直に向かい合うマンマは、自分と年齢はそう違わないらしいのに、すぐに勝手にマンマと呼ぶようになったように、母性と包容力を感じさせるふっくらとした女性だった。そのふくよかで温かい笑顔で緊張をほぐしてくれた。

そのマンマは、ただ、会員のサポートのために塾生である必要性から通信に留まっておられる。マンマに対して話してくれる人たちの雰囲気には畏敬の念が籠もっていた。

## 記述式レポートが出せていない

ようやくマンマに個人的に相談に乗ってもらえた私は、夏が過ぎたら1年経つというのに、記述式レポートが1つも出せていないことを訴えた。

もう、恥ずかしいとか、みっともないとか、そんな余裕はなくなっている。

「皆さん、最初は戸惑っておられますよ。そうですねぇー、最初に出す記述式レポートなら『地学』がおすすめね。４種類のレポートを出さなければならないけれど、誰でもパスしますし、試験はテキスト持ち込みですから、難易度はAで合格は大丈夫ですから。あ、難易度Aは一番やさしい課目のことですよ。以下順位B、C、Dとこちらの会で難易度ランク付けしているの、今までのデータを元にしてね。参考になさってくださいね」

「『地学』ですか。あー、全然好みではないですが」

マンマは苦笑しながらあやすように語りかける。

「専門課程はご自分の好きなものを選べますが、基礎教養課程のうちは、好き嫌いだけで選べないというか、好き嫌いだけで選んでいると限界につき当たってしまうのですよ。好きな課目だけでは絶対に必要単位は取れませんから。ま、とにかく実際にやってみましょうよ。ここには、いろいろ経験豊富な先輩がいっぱいおられますし、いつでも相談に乗ってくれますから」

「はあー、『地学』ですね、やってみます（仕方ないなあー）」

「地学」

帰宅して「地学」のテキストに目を通しながら、ここでもため息を漏らしてしまう。

（えーと、課題はプレートテクニクスか、三葉虫とかカンブリア紀とか、馴染みがないなー。しかも、この『地学』のレポートはワード不可で手書きが条件とは！）

結局、腹を据えなければならない。慶應通信指定のレポート用紙を購入して、慣れない記述式レポート作成に取り組み始めた。慶應義塾大学出版会の『論文、レポートの書き方』という参考書とにらめっこで、夜中にまで及ぶことがしばしばになった。時々、ヒロが気にして声をかけてきた。

「まだ、起きているの？　いい加減に寝ないと体に悪いよ」

机に覆いかぶさるようにしてレポートを書いていた私は、顔を上げて答える。

「そうなのだけれど、乗りかかっているときに一気にやっていかないと、挫折しそうだから。あー、また、書き損じちゃった。また、書き直しだわ」

「修正液使って、その上から書き直せばいいんじゃないか？」

覗き込んだヒロが気楽にアドバイスをしてくるが、私は首を振る。

「そうだけど、それだとレポート用紙が、デコボコ汚くなっちゃうから。綺麗なものを提出したいの」

## 「D」はデラックス

１種類、数千字から１万字のレポートを４種類出した頃には、私の手は痛みさえ出てきていたが、それでも提出できた満足感があった。

しかし後日、返却されてきたレポート用紙に添付されている合否ランクＡＢＣＤで再提出要の「Ｄ」判定と手厳しい講評に私はショックを受けた。非常に素晴らしいというＡまでは望めなくても、ギリギリセーフのCくらいは貰えるだろうと期待していたから、まさか4種類ともDで落ちるとは思ってもいなかった。

（注）私の卒業後2014年以降、ABCDのランク判定は廃止になり合否判定だけになった。

あの必死の頑張りの結果がこれかと、心のやり場に、私はマンマに電話して泣きつくことになった。

「マンマ、『地学』4種類のレポート、全部がDで落ちました」

「あぁら、デラックスのD、貰っちゃったのねぇ。最初のレポートなんて、そんなものですよ。誰か、優秀な家族とか、プロなんかに代筆してもらわない限りはね。だから落ち込まないでね」

## レポート連続8回落ち

「D」却下なのに、デラックスという言葉のユーモアと余裕に、私は少し、気を取り直して、課題レポートを再提出した。今度はうまくいきそうに思えた。けれども次々と返却されてくるレポートは、またもやDだった。

もうどうしていいのかわからなくなった私はまた、マンマに電話をすることになった。

「マンマ、これでまた連続8回落ちてしまいました。マンマが誰でも受かるといった『地学』なのに、こんなに落ち続けるなんて、私よほど、バカなのですね。夫も『また落ちたのかー』と、呆れています。もう、通信辞めちゃいたいです！」

まるで、「地学」が落ちたのは、すすめたマンマの責任でもあるような非難がましい声色がにじんでしまった。マンマはそんなヒステリックになっている私を余裕たっぷりに諭してくれる。

「まぁまぁ、山田さん、そんなに短気を起こさないで、この20年いろいろな方たちを見てきたけれど、あなたは真面目だから大丈夫よ。慶應通信は最初の1年で半分くらいが離脱するのよ。みなさん、慶應ブランドに憧れて通信だからと軽い気持ちで入学なさって、慶應通信の手強さに気づいた頃、次の学費支払時期が来ると、見込み違いだったと拗ねたり諦めたりして学費を納入しないでやめてしまうのよ。だから、これは最初の関門に過ぎないの。ここを乗り越えることをまず考えましょう。ここを乗り越えたら先へ進んで行けますから。次の勉強会であなたのレポートを先輩にチェックしてもらいましょう」

## 先輩たちからのサポート

こうして大和市の勉強会で、あらためて先輩にレポートの書き方を教えてもらうことになった。自分より、半年遅れの2010年春期入学組がAだのBだので「地学」を通過したとの報告に焦りとコンプレックスを感じながら、ベテラン組に教えを乞う。「湘南慶友会」にはマンマだけでなく、2学部、3学部制覇した強者が何人もいるのだ。中には、経済学部、法学部の甲と乙、文学部の哲学、史学、文学の6学部も卒業したT氏のような伝説の通信生も存在するのだ。そして以前、有料で英語を教わったMJ君と違って、みな無償のボランティアなのだ。

彼らは私のレポートを見ながら呆れたように、それでも親切に具体的なアドバイスを与えてくれる。

「あのねえー、あなたのレポートだけれど、まず、1種類のレポートに1万2000字は多すぎるわね。4種類出すのだから1種類2000字あたりが範囲よ。講評する先生たちだって読むのが大変でしょ。しかも、それに比べて参考文献が少なすぎるわね。最低でも10冊は必要よ」

「字数が自然と増えてしまったのですけれど、でもそのほうが熱心で努力を認めてもらえるかと思っていたのですけれど」

「慶應通信は、努力賞だけで多目にみて貰えるほど、そんなに甘くないのよ。自分に都合のいい思い込みは捨ててね。ただ、だらだら書いても、求められているポイントに焦点が合ってなければ即却下よ」

また、別の先輩が覗き込んで、ため息をつく。

「あーあー、あなたのレポート、接続詞も『しかし』ばかりだね。もっとバリエーションをつけなきゃ。それからテキストの丸写しが目立つね。単語や行を入れ替えたり、参考書から補ったり、工夫が必要だよ」

「レポートで大事なことは事例説明ではなく、比較考察ですよ。しかも『AとBを比べて○○である』という指摘だけでは不十分で、何故そうなったのか、比較を通じて何がわかるか？　など自分なりの見解を論理たてて提示する必要がありますよ」

「参考文献は、全部読まなくても、課題に求められているポイントを探し出す勘を養わなくてはね。これはね、経験を積んでいくとピンピン来るわよ。そして、そこのところアピールして書き込んでいってね」

## 「社中協力」「半学班教」

先輩たちからの親身なアドバイスに元気を回復した私は帰宅早々、勢い込んでヒロに先輩達が添削してくれたレポートを見せる。

「見て、私の落ちたレポート、先輩がこんなに添削してくれているの！　真っ赤でしょ」

「ずいぶん、朱（アカ）が入っているね。自分の学習だけでも大変だろうに、人の分までやってくれるなんて奇特な人たちがいるものだね」

「そう、勉強会に入ってわかったのだけれど、仕事しながら通信を頑張っている人たちが大勢いるの。だから、通信生は福澤諭吉先生が言われたように『社中協力』のもと、仲間同士、お互いに助け合うという流儀ができているのよ。そして『半学半教』の精神も根づいているの。教えることは、自分も学べることだってね」

落ち続けて落ち込んでいたのに、今や得意げな私だ。

こうして具体的にアドバイスされたことを参考にして書き直したレポート４種類を再々提出する。そして、順次レポートが返却されてくる。マンマに報告する私の声も以前と違って弾んでいる。

「マンマ、レポートがやっと1つ、Cですが通りました。ありがとうございました」
「そう、よかったわ。その調子でね」
「マンマ、今度はBでレポートが2つ通りました！　講評欄の手書きでくずれたBが、最初Dに見えたほど、Dトラウマがありましたけれど」
「そう、やっとコツをつかんできたようね。おめでとう。次はAを目指してね」
「はい！」

## 「湘南慶友会」へのML投稿

レポートが通り出したら、試験への対策を始めなければと、慶應義塾大学出版会が発行している過去問テキストを取り寄せて準備を始めてみる。

過去問の大体の傾向は掴めてきたが、どうしてもテキストから答えを探そうとしても理解しきれないものがあった。

困惑した挙句、私は「湘南慶友会」のMLに恐る恐る書き込んでみた。

「初めて投稿いたします。『地学』テキストを読み込んでも『放射性同位体をもとに堆積岩の生成年代を求めることができない理由について』の答えが求められません。もし、ご教授いただければ、ありがたいです」

それへの返事はすぐきた。

## 投稿への返事

その心当たりのない名前のメールを思い切って開いてみる。

「私も、この問題には苦労しました。多分、こういうことではないかと思われます。年代は測定できますが、堆積岩になったときの年代ではなくて、堆積が自然界の放射性同位体を吸収して固定した年代になります。

①自然界の放射性同位体を吸収しながら堆積物のもとになる
②時間をかけて堆積する
③相当時間をかけて堆積岩になる、その堆積岩を見つけて人が年代測定をする

よろしかったら参考にしてください」

続けて他の人からもアドバイスが来た。

「『地学』は多くの皆さまが言うとおり、『教科書のどの部分に何が書いてあるかを把握して置いたほうがよいでしょう』というのは、その通りだと思います。

この問題に特化して言えば、

①教科書の裏の索引から『放射性同位体』という単語の掲載ページをまずみる。複数か所あると思います
②そこからその特質についての記載を抜き出す
③研究課題に同じような問題が出ている場所の前にそれについてのまとまった説明がされています

④『放射性同位体』の記載の後に地殻の貫入等の記載があので、地層のずれについて触れました」

（わぁ、本当に返事がくるのだ。見も知らない人たちから。はいりたての私のことも知らないだろうに。なんて親切な人たちがいるものだろう。この『湘南慶友会』は素晴らしいなぁ）

## 試験会場

英語Ⅱに続いて「地学」は2回目の試験場での筆記試験になる。広い室内に10列以上あるだろうか、ずらりと横に並んでいる長い列から1つ選んで、後方のほうに座る。前方に座る自信はない。1列ごとに1人ずつの監視役が前方にスタンバイしている。その後方の1段高い壇上で総監視役らしい年長者が控えている。

1列につき1人の監視役は試験中、前方から後方、後方から前方へとゆっくりと見回りを繰り返す。横に立ち止まると、私は顔を上げて本人ですというように微笑んでみせる。

机においた写真付きの学生証と照らし合わせて確かめると、学生のアルバイトなのか、監視役もその無表情が少し、緩むように感じられる。

この1教室、10数人のアルバイトの人員費用など、費用もかかるだろうに、こんなに念入りにカンニング、あるいは身代わり受験を防ぐための方策をとっていることに感心する。

後にある国立大学の入試試験でスマホによるカンニング事件があったと聞いたときは、慶應通信の試験場では絶対不可能なのにと優越感を持ったものだ。

## 書く　書く　書く

テスト用紙が配られるまでの緊張した時間、中学受験をする小学生ではあるまいし、それなのに動悸もしてくるなんて、なんて小心者だと情けない。しかし、「はい、はじめ」の声と共に夢中で問題を確かめると同時に、走り出すように答えを書き出す。終わりが近づく頃には手の痛みを感じてくるが、それには構っていられない。

とにかく書く、書く。なんでもいいから書く。いやいや、脳内で記憶装置を起動させながら最適であろう、ポイントを連結させながら書きつなぐ。書いたり消したり書き終わったとしても最後の瞬間まで、なにか補足することはないかと答案用紙を睨みつけている。

上から降ってくるような「終わり」の声とともに虚脱するようにペンを置く。ふと隣の列の男性と目が合う。同じ「湘南慶友会」の仲間だ。彼も私と同じように疲れたに違いない手を振って苦笑いをしている。

私も彼も自分なりに最善を尽くした。あとは天に任せよう。しびれた手を振りながら、同志として微笑みあって開放感とともに席を立つ。

## 防衛大学出身の仲間

その防衛大学卒の彼は月に２、３回はある海外出張の飛行機の中で法学部のレポートを書き、私より１年早く慶應大学通学生のお嬢さんと共に親娘で卒業式に臨まれた。そしてまたすぐに経済学部に再入学して最短で卒業された。

そして病を得た後、得度をなされて僧侶の資格も得られた。卒業後の卒論発表会でお会いした彼は「山田さん、またお会いできましたね」と微笑んでくれた。次の瞬間、奇跡的に周りに人がいなくなった。私は前置きなしに「私、許せない人がいて苦しいのです」となぜか訴えていた。「山田さん、ご自分を責める必要はありませんよ」

柔らかな言葉で送られた慈愛の波動に、目から噴き出た涙と共に抱えていた重荷が流れ去った。

「英語Ⅱ」も「地学」の試験結果も「A」でスタートした。

こうしてやっと、最初の試練を乗り切ったのだ。

やっとというか、ついにというか記述式のレポートの単位を取得できたのは、前年秋に入学してから1年ほどが経っていた。次はどの課目から攻略して行こうか。今や勇みたつような気持ちに私はなっていた。

## 4 金時計受章者記念講演会

### モスクワ大学出身

「湘南慶友会」主催の、その年の金時計受賞者講演会が開かれるというので、そういうものがあるのかと私は好奇心を覚えた。壇上に現れたのは上品な中年の女性だった。淡々と金時計をもらうまでの道のりを説明している壇上の女性に目が吸い付けられたまま隣の先輩に囁いてしまう。

「わー、綺麗な方ですねー、あの高城さんという方が今年の慶應通信の金時計の方なのですね、さすが、才色兼備の典型ですね」

「そうなのよ、彼女、モスクワ大学卒なのよ」

「えー、モスクワ大学！　ロシア語！　私なんかトルストイの『戦争と平和』の日本語版ですら挫折しそうでしたよ。高城さん、凄いですね！」

彼女の順調だった通信ライフ報告が一段落して質疑応答に移ったとき、ある男性が立ち上がって質問をした。

「高城さんに質問があります！　レポートや試験でA以外取られたことがおありですか？」

「ありません」

高城さんは微笑みながら静かに落ち着いて応えた。一瞬シンとした後、会場がざっとどよめいた。

高城さんへの称賛に満ちた雰囲気が満ちてくる中、先輩が訳知り顔に囁いてくる。

「さすがね。高城さんって、ホント優秀なのね。彼女、ご主人のモスクワ赴任に伴って行って、昼間ヒマだからというので、思い立ってモスクワ大学へ入ってそのまま卒業したのですって。慶應の金時計も当然ね」

「いやー、まったく！　A以外、とったことがないなんて。私なんか『地学』８回も落っこちましたけれど。同じ人間とは思えないです」

## 試験の資格

高城さんに感嘆のあまり、我が身と比較して落ち込むというより、高揚感を覚えた私は、せっせとレポートを出し続けることにした。レポートの当落にかかわらず、レポート提出さえしておけば試験を受ける資格は得られるシステムなのだ。そのレポートは落ちても6か月以内に再提出して後から合格すればいいのだからと腹を据えて試験もできるだけ受けるように努め始めた。そして、あるとき、ふっと気づいた。

（あれ、この頃、レポートがほとんどAで受かっているわ。落ち続けたことも悪いことばかりじゃなかったみたい。どうだと落ちるかということを学べたし、どうすれば受かるかという勘所がつかめてきたのだから）

こうして、レポートの合格がスムーズにいくようになるにつれ、試験のほうもAで受かることが増えてきた。慶應通信ライフがついに軌道に乗り、加速度も増してきたようだ。

## 1年間で50数単位

次の年も「湘南慶友会」出身の金時計受賞記念講演会が開かれた。その受賞男性は1年間で50数単位をクリアしたという伝説の持ち主だった。

4月、7月、10月、そして1月と1年間に4回ある試験、1回の試験に最低2単位の6課目エントリーできるから、レポートと試験すべて合格できれば最低12単位、それを4回で48単位、それにスクーリングでの単位を加えると計算上は1年間で50単位を超えることができるけれど、それは慶應通信にトライした人ならわかることだが至難の技なのだ。

大学に入ったものの、すぐ退学し社会人になって、やはり大学卒業資格は必要だと高校卒の普通課程資格で慶應通信にトライしたという、壇上のその若い男性を見上げながら、あの高城さんも素晴らしかったけれど、この若い男性もすごい能力だとまたもや感心していた。

1回の試験に2つか、多くても4つくらいしかエントリーできない私にはまったく縁のない世界の人の話だった。

入学して3年目からは「湘南慶友会」の勉強会で「科学哲学」の講師を務めることにもなった。「科学」と「哲学」、この相反するようなものを、1つにまとめて論じるなんて、なんという冒険なのだろう。もちろん、その試みは素晴らしいとは認めるが、テキストは、やはり難解きわまる。そのレポートや試験に四苦八苦したそんな私に、まさかの「科学哲学」の講師の依頼がまわってくるとは。これも試練だ。挑戦だ。「敢為の精神」でやってみよう。

受講してくれた会員から「文系の自分には『科学哲学』は、哲学といっても宇宙物理や遺伝子工学などが組み込んであり、ムリと思って敬遠してきましたが、挑戦してみる気持ちになりました」とのメールや、「おかげ様で、その後『科学哲学』の単位が取れました！　ありがとうございました」などの報告を受けた私は「半学半教」を実践でき、「湘南慶友会」から受けた恩を少しでも循環させられるようになったことに満足感を覚えた。

## 5　夏のスクーリング

### ツベルクリン検査

「え、体育の授業を受けるには、ツベルクリン検査と精神科の診断を受けないとダメなのですか？」

安易にスクーリングは費用を払い込んで期日間に出席すればいいのだろうと考えていたが、仕方がないと私は渋々、済生会中央病院に出かけた。

ツベルクリン注射なんて小学校のとき以来だし、精神疾患への偏見であるが、まさか自分が精神科のドアの前で順番を待つことになるとは、と知り合いに見られませんようにとひっそりと座った。

ツベルクリン反応が腕に赤く出てきたときはホッとした。精神科医とのやりとりはごく、常識的な質疑応答の短時間で済み、これで判定パスなのかと社会勉強をした気持ちであった。

### エアロビクス

1回目に選択した「体育実技」では「エアロビクス」を選択した。

「エアロビクス」は、十数名の参加者の中、60代の私と、それより年上の70代の女性も混じっていた。指導する女性教員は、何回も「エアロビクスをしている間、決して無理をしないでくださいね。苦しいと思ったら、すぐ申し出て部屋の隅で休んでいてくださいね」と繰り返していた。

私と70代の女性は、「あれは、私たちに言っているのよね。高齢者が倒れたりしたら大変だから、気が気でないみたい」と苦笑した。私もだんだんテンポが早くなる後半は、息が上がってきてしんどくなってきたが、意地でも食らいついていった。70代の女性の方は私より余裕がありそうだった。あとで仲良くなって知ったことは、その女性は元教員だったとのことだった。２人とも、若い学生たちに混じって無事１週間の講座を終了した。

## 高齢学生の困難

日本各地、海外からも、この夏のスクーリングへ通うために通信生は会社や家庭の段取りのやりくりが必要だ。１年で３か月ごとに４回ある試験や夏スクーリング参加のために、その度にＮＹから帰国されているというＩＴ系有名企業の役員のシニア男性に、三田の慶應近くに新しくできたビジネスホテルを紹介して感謝された。そこでスクーリングのために１か月ほど滞在されるという。そんな熱心な方だったが、病気になられて退学されたと聞いたときは、自分のことのように無念に感じた。通信は高齢者も多いので、気力だけで完走することは若い通学生より困難なのだ。

「生物」の単位を数年かけても取れず、ついには読み込みすぎて折れてしまったというテキストを担当教員に持ち込んで直談判の末、単位を勝ち取って卒業したばかりの女性も、卒業後、すぐに亡くなられた。関西人らしくバイタリティに富んでおられ、スクーリング中の懇親施設「三田の家」で、飲んで騒いでいる他の通信生のために台所に篭りっきりで、たこ焼きや野菜炒めをせっせとつくってくれていた。70代で卒業されて、念願の学習塾を始めた矢先でのご逝去。その挑戦に、我が身を重ねてエールをおくっていただけに、しばし暗澹とした。

過酷な慶應通信生活は、生命エネルギーを吸い取るのか、いやいや、自分は諦めるつもりはない。逆に生命力を活性化してくれる、そう信じていこう。

## 地方在住者の困難

スクーリング課目「書道」の授業のうち、1日だけ上野博物館で開催されていた「日本と中国の名筆」を見学してレポートを提出するという授業があった。座学から解放されて遠足気分で浮かれていた私は、沖縄から参加した女性と一緒に見て回っているうちに、地方からの参加者の深刻な事情を知ることになった。

その彼女は、この夏のスクーリングの1週間単位の一期、二期、三期全部に参加するため、恵比寿のホテルに1か月滞在しているという、その諸々の費用、飛行機代、ホテル宿泊費、生活費、受講費用のため、3年間貯金もし、そして1か月間も仕事を休めないため、退職までしてきたという。三田まで、徒歩で15分、日吉までだって地下鉄で30分の自分はいかに恵まれて有利なのかを思い知った。

(宝くじ、当たらないかしら。当たったたら地方からのスクーリング参加者のための宿泊施設を用意するのに。宝くじでなくても何かで大金が転がり込まないかな。そうなったら、匿名はつまらないから『愛月（あいゆえ）ハウス』と名付けよう。ＮＹのメトロポリタン美術館でいくつもの署名入り寄贈美術作品があって、富を見せびらかすような消費と違って素敵だなと思ったし）

妄想は妄想のままだ。妄想の割には、夏と夜のスクーリングの期間以外の使用目的、管理の仕方など、民泊システムを参考にあれこれシュミレーションしてみたりしたのだが、そもそも宝くじなど、付き合い以外ほとんど買ったことがないのだった。

## ランチタイム

ランチ時間には勉強会での顔見知りを見つけると駆け寄ってランチの同席を頼んでみる。相席は「湘南慶友会」の知り合い以外の多様な人が混じっていて話が広がることも面白い。

「初めてのスクーリングですが、外は暑いし、教室はガンガン冷えているしで、体がついていけない感じです」

早速、グチから話し出していくのもお約束だ。先輩の役割はフォローしてくれることだ。

「今はマシだよ、全教室にクーラーが付いているのだから。何年か前にはクーラーなんかなくて、扇風機だけで、講師の先生たちは扇風機を生徒側に向けているから汗びっしょりだと恨み節だったよ。生徒たちだって広い教室に扇風機なんかじゃ、効かなくって講義なんか頭に入っていかなかったよ。それに学食も綺麗になったし」

「えー、そんな時代があったのですか。今ではクーラー効きすぎて、女性は冷え予防にカーディガンや膝かけ持って移動していますよ。私も熱いお茶の魔法瓶持参です」

「校舎の移動時、内外の温度差がこたえるよな。夏風邪にやられないようにね」

初めてのスクーリング、初めての学食。発券機の前に並びことも、料理を取り分けるカフテリア方式の列に並ぶことも、新鮮な経験で楽しくてたまらない。

これぞ、大学生ライフだ！　遅れてきたマイ青春だ！

**外部講師**

いつも、ランチ時では情報交換などのお喋りで、ギリギリ午後の講座に滑り込むが、午後の受講は睡魔との戦いだ。飴を含んだり、お茶を飲んだり、周りを見渡したりして何とか持ちこたえようとする。

ちらほら撃沈している生徒たちに構わず、講師の先生たちは淡々と授業を進めて行く。

中には外部私学からの招待講師のように「慶應の通信生は凄いなー。うちの大学の通学生に比べて実に熱心に付いていてきてくれるなー、僕は、ここ慶應の教員になりたいよー」と連日叫ぶように繰り返し、彼は熱心さのあまりか、毎日山のような宿題レポートを出してきた。

そして、翌日には全員にきちんとした添削をつけて返してきた。私も、そんな熱い講師に感化されたのか、適当に課題をこなすのでなく、何冊かの参考図書を読み込んでがっぷりと取り組んだ。

毎夜、書き終える頃には日付が変わっていた。

## そんなにまでして

ある午後の受講中、もう、無理かもとウトウトし始めた私は、最後の力を振り絞って前方の席を見回すと、斜め前にいる女性に目が留まった。傍に年長の女性が付き添って何やら囁いている。最初、何をしているのかと思ったのだったが、どうやら、目が不自由な学生と、その補助者らしいと気づいた。

そういえば、暑くて広い構内を、車椅子で1人で移動している光景にもちらほら出会ったこと、手話通訳を同伴していた女性もいたことを思い出したとき、私の中で何かが変化していった。

（えらいなー、そんなにまでして勉強しようなんて。私なんか、カルチュアースクールの生涯学習に毛が生えた程度の呑気な気持ちで入学しただけだったのに。一難去ってまた一難、どこまで続くレポートと試験のぬかるみぞ、なんて愚痴を吐いたり、マンマに泣き付いたりして、言い訳ばかりしていたわ。

講師の先生たちだって、通信生相手だからといって手抜きしたりしないで、持ち回り制とは言え夏休み返上で真剣に取り組んでくれているわ、私も心を入れ替えてきちんと向き合っていかなければ）

障害者と教員専用となっているエレベーターに高齢者の自分も、そういうようなものだ、おおめにみてもらえるであろうと乗って移動していた自分の姿が恥ずかしさを伴って思い出される。

先ほどまでの眠気は、消えていった。

## 6　溜まり場

### 巣箱

日吉校の構内の広場にある通称「溜まり場」、夏スクの間、いつも「湘南慶友会」は、その中で一番いい場所、つまり広場の真ん中で一番大きな木の下、そこに陣取っている。ランチ時間や教室間の移動の際には、巣箱に帰ってくる蜂のように、その木陰に多くの会員、ＯＧ、ＯＢが集ってくる。

その中心には、やはりマンマが慈愛の微笑みをたたえて座っている。ＯＧやＯＢが差し入れてくれるお菓子や午後からの眠気対策の飴、最新の夏スク情報をシェアしてくれている。会員は午前の受講を終えて、この「溜まり場」で一息ついて、また午後からの戦場に出かけていくのだ。

### 心配な青年

私には、２回目に選択した体育実技の「レクリエーションスポーツ」で気になった青年がいた。手足の長い長身で、けれども、ブキッチョで、ワンテンポ反応が遅れるので、スポーツ苦手の私でさえ、ハラハラするような青年だった。

あるとき、初老の男性が、その青年を見守るように、グランドの外にたたずんでいることに気づいた。その心配そうな様子に、私は、青年の父親か祖父なのかなと察しをつけた。これは、この心許ない青年が慶應通信を持ち堪えるためにはマンマのところにつれて行ったほうがいいかなと、ちらりと思いもしたが、結局面倒だとそのままにしていた。「レクレーションスポーツ」授業の最終日、寄り道をして移動していたとき、階段でばったりその青年と出くわしてしまった私は、これは神様のお告げだと観念して、素直なその青年を溜まり場につれて行った。

そして、そのまま「湘南慶友会」に入会させて、マンマに事情を話し、預けた形になった。それで気が済んでしまった私はその青年のことはそのまま};すっかり忘れてしまい、自分のことだけに戻っていた。

## 我が手柄

私が卒業して数年後、あの青年が卒業間近だとマンマから電話で報告を受けた。ぼんやりとした、大丈夫かなと心配になるような青年だったから、卒業は無理かもしれないと上から目線の私だったので嬉しい驚きであった。

マンマも、いつもの落ち着いた声より弾んだ調子でその青年がとても真面目に1歩1歩頑張って単位を取得していったこと、特に英語が優秀なのと、とても嬉しそうだった。マンマだからこそ、あの青年を長年忍耐強く導き励まし仕上げてくださったのだ。

あのとき、あの青年を「溜まり場」につれて行ってよかった、きっかけづくりだけで具体的には自分は何もしなかったのに、私は我が手柄のように誇らしかった。

## ママ塾生

「溜まり場」には、夏休み中の子供を連れてきているママ塾生もいた。

林田会長と役員有志がママ塾生の受講している間、子供たちを預かって面倒を見ていることに私は感心していた。

ある日、仲良くなったママ通信生と、その小学校3年生の男の子と、たまには放課後の校外で食事をしようとなった。そこへ、「湘南慶友会」のA先輩がジョインしたいと加わった。仲良く食事をしていると、そのA先輩は突然声の調子が変わってきいてきた。

「あなたたち、先生たちと、飲みに行ったりする?」

私もママ通信生も、同時に頭を横に振った。

「私はよく付き合っているわよ。それに比べて、だから、あなたたちは、嫌われるのよ」

平然というA先輩を見て2人とも、ぽかんとしてしまった。なぜ、彼女がこんなことを言うのか混乱した。スクーリングや勉強会のゲストとしてきてくださる先生たちが、安い居酒屋での打ち上げ食事会にサービス精神もあって参加してくださることは結構あるけれど、個人的に飲みにいくことなどは見当がつかなかったから。第一、飲みに行かないから嫌われる、なんてあり得ないだろう。先生たちと個人的に交流があることを自慢したいのかもしれないが、勝ち誇ったようなその態度に呆れてしまった。

傍で男の子はうつむいたまま、携帯でゲームに没頭していた。

話題を変えたくて、私は卒業の時期についてママ通信生に話をふってみた。

「麻子さんは、お母さまの看護で、途中から4年間も休校願いをして、そのあと復帰してから7年かかっているそうだけれど、早く卒論に取り掛かりたいでしょう」

「そうなの、夫も早く卒業したら、とうるさいし、上の娘も中学受験がいよいよで、その次には、この息子の受験も控えているし、そちらをバックアップしなければならないし」

「介護に育児で大変ね。身軽な私も、なるべく早く卒論申請書を出したいと頑張っているの」

**慶応精神に反する！**

A先輩は、そんな私たちの会話に切り込んできた。

「あなたたち、早く卒業したいって言っているけれど、それは正しくないわよ」私は思わず反論してしまった。

「それは個人の自由でしょう！　人それぞれ、事情や目標があるのだし」

「あなたたち、何のために慶應通信に入学したの！　深く学ぶためでしょう。早く卒業したら勉強することにならないじゃない。早い卒業自体が目的なのは、慶應精神に反してしているわよ」

一理あるかもしれないが、その叱りつけるような調子に唖然として私たちは言葉を失った。親睦の場になるはずだったのに、なぜこんなに睨みあっているのだろう。

### 男の子の援護射撃

そのとき、それまで、ゲームに夢中で私たちの会話には興味を示さないように見えた男の子が顔を上げて決然と割り込むように言葉を放った。

「おばちゃん、愛子さんとママが困っているじゃないか」

私より、年下のA先輩におばちゃんと言ってのけ、私には愛子さんと敬称をつけた男の子、ゲームに熱中しているように見えたけれど、知らん顔しながら、ちゃんと観察していたのか。おそるべし、小さな子供だからといって侮っていてはいけない。A先輩もさすがにそれ以上は黙ってしまった。

そのママ塾生に連れられて夏スクに来ていた、上のお嬢さんは、後に慶應義塾大学に、あの男の子は名門高校に進学した。

そんな心の拠り所「たまり場」が、誰も寄り付いていない寂しい場所になるだろうとは、私はもとより誰も予想していなかっただろう。あの役員改選騒動が起きるまでは。

## 7　物理のスクーリング

### 名前だけ書けばいい

1、2年目は、楽しかった学食でのランチであったが、3年目からは弁当をつくって持参するようになった。学食はチケットを買うにも順番待ちだし、カフェテリア方式も時間をとられ、席の確保も大変だからだ。それよりも、移動時間を節約して午後の教室へ直行して、そそくさと昼食をとり、少しでも机に突っ伏して仮眠をとったほうが、午後の授業に集中できるからだった。こうして学食には行かなくなったが、ある先輩が面白そうに言っていた情報が心に残っていた。

「ところで、山田さん、自然科学分野の単位は済んだ？」

「いえ、まだ『地学』の1種類だけなのです。あと、『生物』と『化学』『物理』から1種類選択しなければと思いつつ、どれも気が進まなくて」

「あのね、夏のスクーリングで『物理』とれるのよ。ただね、通常、スクーリング1科目は1週間で試験資格だけれども、物理は試験受ける資格のためには2週間通わなくてはダメだそうよ。でも試験にはテキスト持ち込みOKだし、名前さえ書けば試験も通してくれるそうよ、それで、4単位取れるのよ」

「えー、『物理』なんて1番なしだったのですが、エ、なに、名前さえ書けばいいのですか。しかも4単位ですよね！　私、それにしたいです」

## 2週間の物理スクーリング

今や最短卒業を目標にしだした私は、どの課目を選択していくか、どれだけ効率よく単位を稼ぐかが重要であることを把握しつつあった。文系の自分には、最も苦手な分野での「物理」ではあったが、先輩の情報通りなら、これはうまい話ではないかと選択することを決心した。

物理の授業は座学と実験の組み合わせであった。座学と違って実験は遊びのようなものだと楽観して参加したが、実験後にレポート作成があり、そのチエックが厳しくて、質問への答えがあやふやだと、しっかり答えられるようになるまで解放されなかった。私は、いつも夕方6時頃まで居残ることになった。帰宅後も翌日の実験の予習レポート作成も義務づけられていて、他にとっている課目の復習レポートや試験勉強もあり、甘かった見通しはすぐに消え去った。夜中過ぎに就寝し、早朝に起床するため、いつも寝不足であった。

しかし、ついに2週間のスクーリング期間が終了する日がやってきた。

試練を乗り越えた安堵感と誇りで意気揚々と、帰り支度をしている教員に最後の挨拶をしに行った私を待っていたのは驚愕の言葉だった。

**晴天の霹靂**

「先生、この2週間お世話になりました。ありがとうございました。あとは、課題のレポートを頑張って出します。試験はテキスト持ち込みですから安心しています」

「え？ 今までの先生はどうだったかは知らないけれど、今年の4月、僕の担当に変わったからには試験は持ち込み禁止だよ。テキスト自体、今年から以前とは違っているのだよ。中身も倍の厚さになっていたでしょう」

「え、今度の試験から持ち込み禁止になったのですか！ （えー、それなら『物理』など選択しなかったのに。名前さえ書けば通るって言った人、どうしてくれるの！）」

## 大人の家庭教師

そのショックで帰宅する足並みも重くなったが、あの2週間の苦労を無駄にするわけに行かない。気を取り直して課題レポートを仕上げなければならない。その結果は、2種類の必須レポートが「D」で返却されてきた。いくら参考書を参照しても、これでは試験はもっと危ない。

こうなったら家庭教師を考えてみようと思い立った私はパソコン調べた「大人の家庭教師」を依頼した。

「はい、では、その東京大学大学院のほうをお願い致します、1時間5000円の2時間単位ですね。そのほか、交通費も、ですね。はい、了承しました」

こうして、また三田の「サイゼリア」で家庭教師と会うことにした。

しかし、その指導の元に出したレポートは、またもや受理されなかった。彼に連絡すると、これを参考にするようにと、いくつかのサイトがパソコンに送信されてきた。

3回目にやっと、レポートが「C」で合格した。

そして試験を受ける前にあたって、試験のヤマをピックアップしてみた。アインシュタインの相対性理論という言葉は単語としてしか知らず、ましてや相対性理論に2種類あることすら知らなかった私だったが、これこそ目玉だと、一般性相対性理論と特殊性相対性理論の定義を記憶することにした。見事にヤマは外れた。

**方向転換**

それから3か月毎の「物理の試験」を、半年の間に2回落ちてしまった私は物理チームのチームメートに連絡してみた。

「橋本さんも試験3回落ちたの？　文系の私と違って、橋本さんは自分のビルの配線なんかもご自分でやられる理系なのに」

「あの先生、厳しいなー。2週間スクリーニングやって、レポートも何回も落とすし、試験だって3回目はC位くれてもいいのにさー」

「ホントよねー。でも、今までのいろんなレポートや試験の経験から言うと『これはAでしょ』と自信があったのが、『C』で返されてきたりするし、『C』でいいからお願い通して！　ていうのが『A』であったりして、先生によるし、基準が全然つかめないわ。でももう、何を言っても負け惜しみになるから、私『物理』ギブアップするつもり」

「俺も、やめて『化学』にするわ」

「私は化学方程式覚えられそうもないから、『生物』にするわ。『生物』も、何回も落とされている人の話を聞いているから怖いけれど。でも私も前に進まなきゃ」

「お互いの健闘を祈ろう！」

「お互い、頑張って突破していきましょう！」

## 砂漠の砂のように多い

４単位の「物理」の代わりに選んだのは、２単位のスクーリング「生物」と同じく2単位の「東洋史概説」であった。以前「東洋史」を「Ａ」で攻略していたので、そのとき、記憶したものがまだ残映しているような期待が持てたから。この２つが取れれば、遠回りをしたけれど「物理」と同じ4単位になるのだ。

思いおこせば、「東洋史」では、それまで、みたこともない人物名や事変名に悩まされた。日本の当用漢字にはない、漢字そのものから記憶し、書けるようになることからスタートする羽目になった。しかも、東洋史といっても、アジア圏だけでなくイスラム圏も範疇であり、覚えなければならないことは、砂場の砂のように多かった。

確かに「東洋史概説」は「東洋史」と重なる部分もあったけれど、いざ、取り組み始めてみると、一から始めるようなものだった。あんなに苦労して覚えた記憶は大部分が流れ去っていたし、切り口も異なっていたのだ。

「物理」での失敗、それについてはその頃、要領よく単位取得が進んでいったので、調子に乗っていたから、つまずいた。いい薬になった。これからはラクに単位習得できる課目を探すより、これと響いて選択した課目にまっとうに愚直に取り組んでいくしかない。原点にかえろう、私はあらためて肚が据わった。

## 交流パーティー

スクーリングの最後の日の午後遅くには恒例である教員と通信生との交流パーティが開かれる。日中のスクーリング講義にはジーンズなどカジュアルスタイルでもいいが、そこには一応、きちんとした服装のほうがいいだろうと思った私は、着替えのワンピースとハイヒールを持参して講義後に洗面所で着替えて参加した。

洗面所でそそくさと着替えてメイクも足していると、放課後に、駅のトイレで着替えて歓楽街に遊びに出かけるギャルみたいだと苦笑いが浮かんだ。

会場には夏スクで講義を受け持った教員たちだけでなく、通信部長でもある教授や通信事務局のスタッフなどがきちんと背広姿で出席していた。夏スクに参加していることを知っているだけで、すれ違ったままだった学友たちとここで再会しあう。ハグしあったり、お酒をつぎあったりするが、せっかく、大学側が設けてくれた機会なのに、教授たちに話しかける勇気が出ない。

ようやく会の終わり頃になって、教授やスタッフと写真を撮ることにかこつけて挨拶を交わすことができた。こんな交流の場を用意してくれるなど、入学前はもちろん、入学したあともしばらく気づかなかった。慶應通信はいろいろな体験を通信生に提供してくれるのだと、いよいよこの大学に愛着と感謝が湧いてくるのだ。

## 8　地方スクーリング

### 福岡での英語スクーリング

慶応通信では地方在住者の便宜のために、札幌、仙台、大阪、福岡の各地でもスクーリングを設定していた（年度によって違う）。そこには、ご当地だけでなく、どの地域からでも参加可能だ。

私は早い単位習得のため、テンポを上げようと福岡でのスクーリングにも参加することにした。

地方スクーリングは週末にかけての集中講義のため、朝から夕方まで授業があるので前日入りする必要がある。

そこには驚いたことに、北は北海道の稚内から、南は石垣島から参加している通信生がいた。

### 稚内からの参加者

そして、私が稚内って北海道のどのあたり？　と失礼なことを聞いた女性とは、講義後の夜、新鮮な魚料理が売りの店で合流した。

「なぜ、同じ北海道の札幌ではなくて、わざわざ九州の福岡までスクーリングを受けにきたの？　仙台や大阪より遠いし」

不躾な疑問も飲食を共にしているときやすい。

「日程の関係で福岡が都合よかったの。稚内から札幌へ行くのって結構大変なのよ。汽車を乗り継いで何時間もかかるし、その汽車の運行自体も減っているの。稚内から札幌へ行くより羽田から福岡へ行くほうが時間もかからないし、移動も楽なのって面白いわよね」

サバサバとした彼女を前に、東京からの参加者は私だけであったので、自分は行動力があると思っていたが、参ったと甲を脱いだ。

同時に、ここでも、地方在住者が通信を継続することの大変さを知った。それでも、最北の地から参加した彼女は開放感に満ちて福岡を楽しんでいた。

## 台風襲来

地方スクーリングは、費用も、日常ルーティンのやり繰りもかかるけれど、参加して良かったとスクーリングを終えた最終日、私は博多駅前のビジネスホテルをチエックアウトした。

しかし、福岡空港に到着したときには、大型台風襲来とのことで東京行きは軒並み欠航になっていた。東京からの参加者は担当教員と私だけの2人だったので、キャンセル待ちが続出の中、教員の分と2人分、翌朝のチケットをなんとかゲットした。

それから、その朝にチエックアウトしたばかりのホテルにUターンした。部屋の空きがあるのか、心配しながら「また、1泊追加したいのですが」と申し入れた。フロントマンは「お帰りなさいませ」と微笑んだ。

# 9　NYにて

## あんまりな部屋

慶應通信に入学する前年の２００８年11月、ＮＹで開催されたＢＤＯＲ学会に鍼灸師として参加した。ちょうど、合衆国大統領選と、ハロウィン、ＮＹマラソンと重なっていた時期で、街中が発熱状態でホテル代も高騰していた。学会が用意してくれたホテルは、この時期としては1泊２万円程と破格の安さだったが、それにはそれなりの理由があった。

なんと、私の部屋は踊り場にあった元用具置き場を改装したもので、ベッドはなく床に粗末なマットレスが敷かれていただけだった。まるで囚人になったような気分になった。シャワー室とトイレは隣室の客室との共有だった。いかに安くても、これではあんまりだと思ったが、ＮＹのホテルは、もう満室とのことで仕方なく諦めた。

## オバマ大統領誕生

部屋には手を洗うだけの洗面台と小さなＴＶがあった。あまりの殺風景さにＴＶをつけっぱなしにしていたが、そのとき、ちょうど、バラク オバマが大統領に選出されたとのニュースが流れてきた。画面には黒人の女性が感極まって泣き叫んでいるシーンが映っていた。急に小さな画面が大きくなったように見えた。小さい頃は『アンクルトムの小屋』や、長じてからは『リラブド』などを読んでは、黒人奴隷の悲惨さや、奴隷解放後でさえ続く差別に憤りと悲しみを覚えていたが、無力感の方が大きかった。

しかし、今ここに、黒人の血を引く大統領が誕生したのだ。まさか私は、自分が生きている間に、ここまで歴史が進むとは思ってもいなかった。画面の中では、黒人だけでなく、白人の男女のオバマ支持者達も狂喜乱舞している。気がつけば、画面の群衆と共に私も声をたてて泣いていた。けれども、黒人の大統領なんて、すぐにでも暗殺されるのではないかとの懸念も生じた。安手の部屋の外からはサイレンを鳴り響かせる車の音がひっきりなしに響いてきた。

## 撒かれていた種

帰国後、オバマ大統領やミシェル夫人の伝記や自伝を読んでみた。ミシェル夫人が、まったくの庶民階級の出身ながら生来の聡明さと努力でハーバード大学法科大学院に進み、弁護士になったことを確認した。オバマ大統領もケニア人の父と白人の母との間に生まれ、その黒人の血筋のせいで様々な困難にもあっていた。しかし、優れた知性と、ハーバート大学・ロー・スクール卒業によって得た資格と弁舌を武器に道を開いていったのだ。アメリカは、まだまだ能力と志、野心があれば大いなるチャンスがあるのだ。

学問を身につけることは身を立てられるのだ、もし、若かったら、自分もあらためて勉強したい、とこのとき刺激を受けた私であったが、しかし翌年に慶應通信に入学を希望することになるとまでは思っていなかった。もう、就活も婚活も必要がない年齢の自分に今更、大学や大学院に挑む必然性はないのだから。しかし、このときのＮＹでの感動は、私の心の奥に、実利とは関係なくとも「学ぶこと」への憧憬の種を蒔いていた。

## 10　大連にて

### 墓参

通信2年目の２０１０年5月には、中国人のパーパとマーマが眠る大連へ墓参に行くことにした。川沿いを辿って登る山の上にある、墓地の木々の枝枝には赤い飾り紐が結びつけられていて風にヒラヒラと舞っている。全山が弔いの、と言うより、何かお祝いの場のようだ。お墓の内部にはあの世で苦労しないようにと、金色の洗濯機などの家財、家具の模型、翡翠に模した装飾品などをたくさん収めていく。

少し、離れたところにある火炉では、あの世では金持ちであるようにと一族総出で偽札の紙束をバンバン勢いよく燃やしている。まったく白と黒との厳かな感じの日本式「納骨」と、この中国式「入土」の風習は異なっている。日本と中国は一衣帯水の同じ文化圏と思っていたけれど、このように習慣と感性が違うのだ。この2国間に横たわる溝が、いつか埋まるときがくるのだろうか。

一番年長の弟は、日本から同行した母を「日本のお母さん」と言って、足腰の弱い母をおぶって墓地のある山道を登り下りしながら下の駐車場まで運んでくれた。

その弟、世征の部屋に案内されたとき、日本の漫画が大量に保管されていることを見つけた。驚く私に、彼は「いつか、日本語を勉強して、この漫画を読みたいと思っている」と恥ずかしそうに告げた（同行した日本在住中国人の友人の通訳による）。

## 下放

1966年から始まり10年続いた中国の文化大革命のとき、都市部の青年子女は「農民に学べ」という政策のもと、都会から、電気もガスも水道もない農村へ「下放」された。弟3人と妹も日の出から日の沈む夕暮れまで農作業に従事させられた。その数年間、ほとんど勉強らしい勉強はできなかったそうだ。

しかし、中国が解放政策へ舵をきり驚異のスピードで経済発展を遂げるのにあわせて、彼らも経済的に成功していった。メゾネットのマンションやベンツのワゴン車、ホンダのスポーツカーも所有し、パリへ留学した姪の援助もしていた。

特に世征は時代のうねりに翻弄されて学歴も学問も身に付けられなかったけれど、世間を生き抜く能力はあり、一族の長としての責任はしっかり果たしているのだ。激動の中国近代を生き延びた、たくましい世征の「日本語で日本の漫画を読みたい」という可愛い夢を知った私は、時にうんざりするときもあった慶應通信の勉強、特に英語をあらためて学び直していこうと心に誓った。

# 11　ワシントンD．C．にて

## 慈恵大学の看護学

2011年、私はヒロが参加する学会が開催されるワシントンD．C．に赴いた。そこで慈恵大医療センターとワシントンD．C．の看護大学で交互に客員教授を務める蝶子先生と再会を果たした。

蝶子先生と初めてお会いした食事会で、私は自己紹介のとき、その朝、新聞で読んだ記事を話題に出した。

「今朝、心に響く話を読みました。アフリカの紛争地で、教育や医療に尽くしていた2人の日本人カトリックシスターが武装グループに襲われて、跪かされ後頭部に銃を突きつけられ、もう最後だと思ってみあげた空が青かったそうです。長い時間が経って『もう天国に行ったのかしら』とシスターたちが後ろを振り返ったら武装グループは立ち去った後だったそうですって」

なぜ、そんな唐突な話題を、そのグループでは新参者の自分が持ち出したのか私自身もわからなかった。KYだったかなと少し悔やんだ。

数週間後、その蝶子先生から、慈恵大学の看護学生に「乳がん患者からみた看護」というテーマで話してほしいと依頼がきた。私は自分の経験として、手術当日の夜、一晩中看護師が付き添って酸素マスクが外れないように見守っていてくれたこと、手術そのものは医師によるけれど、術後や入院中のＱＯＬは看護師次第であり、双方あっての医療であることなどを話した。

その後、受講してくれた看護学科の生徒代表から手紙をいただいた。そこには、

「いつか、成長した私たちを山田さんにお見せできるように頑張っていきたいと思っています」とあった。

なぜ、蝶子先生が声をかけてくださったかは、あのシスターの話がきっかけだったのかなとしか思い当たらなかったけれど、若き看護学生たちに、教員ではなくとも、何かしら示唆を与えられるものがあったことは、私にとって嬉しいことであった。

# 12　ミャンマー　ヤンゴンにて

## 初めての渋滞

２０１２年の夜スクーリングで、11月にちょうど1週間以上、受講が空く期間があった。

このタイミングに、ミャンマーに長年、合気道をボランティアで教えに行っている友人に誘われてミャンマーに行くことにした。ちょうど軍事政権が軟化し始め、鎖国状態だったミャンマーが国際社会に門戸を開こうとするときだった。行きのＡＮＡヤンゴン便はオールビジネスクラスのあつ

らえだったが、絶好のビジネスチャンスが始まると言うので観光気分でカジュアルな服装の私たち以外、背広とネクタイのビジネスマン達で満席であった。カフェもないような（コーナーらしきものはあったが）国際空港からヤンゴン市街に向かうとき、友人は驚いていた。

「20年以上、通っているけれど、こんなに道路が渋滞しているのは初めてだ」

## ヤンゴン大学卒業式

帰国便は1週間先にしか取れなかったので、アウン サン スーチー女史の屋敷を見学に行くことにした。そこは彼女の軟禁を象徴するように大きな鍵で立派な門は閉じられていた。

近くにミャンマー随一のヤンゴン大学があるというので、これも見学に行こうとなった。そこでは、なんとちょうど卒業式が行われていた。しかし、同行してくれた通訳によると、通常はヤンゴン大学にこんなに多くの学生はいないのだということに驚いた。

なぜなら、政府の方針で、民主化運動の担い手になるのは意識の高い大学生なので、学生運動が発生、盛り上がらないように、普段は学生を地方の学部に分散させているのだそうだ。今日だけは卒業式なので、各地方からヤンゴン大学に集結することが許可されているという。

たまたま、卒業式のタイミングに出会って、また、ミャンマーの大学生のおかれている状況を知って、この偶然に「意味」を感じてしまった。何の制約もなく、勉学だけをしていればいい日本の学生である自分、どこで何を選んでも、普通に当たり前だと思っていた自由、それが保証されていない国もあるのだ。色鮮やかな民族衣装を纏った女子大生たちの輝く笑顔。自分の卒業式はいつになるのだろう。ホテルの部屋に帰って、気休めのため持参したままトランクに入れっぱなしだった「経済学」のテキストを開いた。

**留学志願**

夜の食事の後はカラオケ店に行くのが、ルーティンのようだ。そこには、いつも若い女性たちが侍っている。彼女たちが話かけてくる日本語はたどたどしいが、日本語の歌はとても上手だ。こちらは、にわか仕立ての挨拶語以外、ミャンマー語は全然できない。その中の1人が、かたことの日本語と英語で私になついてくる。どうやら日本に留学したいと相談に乗って欲しいらしい。「ワセダダイガク、ワセダダイガク」と連発する。内心「ＫＥＩＯ」は人気で負けているではないかと少し残念に思う。

滞在中、よくランチに行くようになった中華レストランでも、「日本に留学したい」とデザートの果物をたくさん出してくれる。

ただの旅行者でしかない私にでも、少しでもチャンスがあるかもしれないと、一生懸命に訴えてくる彼女たち、そんなに海外留学に活路を求めているのかと、そんな必死さのない自分、勉学を今や重荷にさえ感じている我が身を振り返る。向かいのビルには銃を構えた兵士たちがいる。1週間のミャンマー留学、日本に帰国して、この「社会学」を活かさなければならない。

# 第3章　役員に請われて

## 1　会長からの電話

### 予想問題

私が「湘南慶友会」の会員になって1年近くほどたったある夜に電話がかかってきた。

「え！　林田会長ですか？　『湘南慶友会』には、本当にお世話になっております」

「突然お電話してごめんなさい。山田さんは、毎月の勉強会に熱心に通ってきていただいていますね。通信の単位のほうも順調に進まれているようでおめでとうございます」

「何もかも『湘南慶應友会』のおかげです。この前の英語Ⅲの試験も、マンマが作成してくださった予想問題のうち1つがバッチリ出て時間内に正解を出せました。本当にありがとうございました」

「お役に立ててよかったです。『湘南慶友会』の過去問シリーズや予想問題は、先輩たちが試験の後、問題用紙は持ち帰れませんので、記憶をもとに報告してくれたものを、マンマや役員たちが再現してデーター化し、分析し積み上げたものなのですよ」

「わー、先輩たちのご努力の上に今があるのですね。本当にありがたいものなのですね。私なんか、試験が終わったら、さっさと忘れていましたが、これからは少しでも、試験内容をご報告するようにいたします」

## 役員ボランティア

「そう、ご協力よろしくお願いしますね。それでね、今日は山田さんにお願いがあってお電話しましたの」

「はぁー、なんでしょうか？」

「実は山田さんに『湘南慶友会』の役員になっていただきたいの」

「私に、ですか？　いえいえ、とんでもない。私なんか役員なんてとても務まりません」

「いえいえ、そんなに難しいことではないのですよ。勉強会の講師は通信ベテランの方や何学部か制覇された方が務めていらっしゃいますが、他にも会報のコピーや発送などボランティアが必要なことも多いのです」

「あのぅ、お世話になってばかりでは申し訳ないのですが、私は旅行も多いですし、新人の身で出たり出なかったりではかえって失礼に当たりますし」

「みなさん、できるときに、できることを協力してくださっていますの。そうですねぇ、運営の3分の1ほどの割合で協力していただければよろしいのですが、ですから山田さんも、そのような気楽なお気持ちで構いませんから」

「そ、そうですか。うーん、わかりました。恩恵だけ、やらずぶったくりでいただく訳にはまいりませんものね。私でよろしければ、どうぞお使いください。よろしくお願いいたします」

「あー、よかった。それでは来月の3月の例会からご参加くださいね。ありがとうございました」

「こちらこそ、ありがとうございました」

きれいに挨拶をして受話器を置いた後、私はため息をついた。あの最初のとき、マンマに「湘南慶友会」に誘われたときと同じだ。

（あー、なんで断りきれなかったのだろう。また、いい子になってしまった。勉強会なんて利用だけすれば合理的なのに、いつも最後は押し切られてしまう。でも少しはお返ししなくてはならないから仕方がないわ）

# 2　3・11　東北大地震後の役員会

## まさかの役員会

会長の電話からしばらくして、3・11の東北大地震が発生した。息を呑んで、私とヒロは繰り返し大惨事を放映するTV画面を見つめていた。

「これは、ひどいね。こんなことがあるのか。原発は持ち堪えられるのかどうか。天に祈るしかないね」

「あー、明日に私にとって初めての『湘南慶友会』の役員会があるわ。まさか、やらないわよね。こんなときに。やる筈はないけれど、念のため確認してみるわ」

パソコンをチェックして私は悲鳴をあげる。

「ウソォ〜、役員会やるって！　こういうときだからこそ、役員は必ず出席するように、って念まで押してあるわ！」

日曜日の朝、役員会の開かれる大和市へ出かける前に水盃の真似をする私は悲壮な気分だ。

「まだ、余震が続いているわ。大和市までの交通機関もきちんと動くかどうかもわからないし、東京や神奈川にも地震がくるかもしれないし。もしかして、これがあなたとの今生の別れにもなるかもしれないわ」

「何もそんなに無理して行かなくても、いいのじゃ、ないか」

「そうよね。それはそうだけれど、地震のせいにして初めて参加する役員会を逃げるのって卑怯な感じで嫌だから」

## 全役員出席！

品川駅も、横浜駅の構内も節電のため明かりが薄暗い。行き交う人々の顔も、やはり暗い。余震を警戒しつつ乗り換えルートを移動しているので緊張感が消えない。こんな状況下で一体、何人の役員が来ているのやらと、疑いつつ足を踏み入れた会場で、集まっている顔ぶれを確認した私は感嘆の声を漏らした。何と全員の役員が顔を揃えていたのだ。

東京から大和市まで遠距離だと不平を言っていた私だったが、茨城や群馬、栃木、静岡など、もっと遠方から参加していた役員たちがいたのだ。私はあらためて、この「湘南慶友会」の役員メンバーの責任感の強さと真面目さに感銘を受け、身の引き締まる思いがした。役員会が始まると、林田会長が、私に起立を促して皆に紹介する。

「新しく役員になられました山田愛子さんです。皆様よろしく迎えてあげてください」

拍手と笑顔に迎えられて、危険を犯しても、役員会に参加してよかったと、自分を誇らしく思う。休憩の合間にはクッキーや煎餅などのお菓子が回ってきた。この家庭的な雰囲気も好もしい。

## 慶応通信の歴史

隣席の女性役員が親しげに話しかけてくる。

「山田さん、ようこそ。よく、この役員会に参加されてくれましたね。山田さんは、まだいろいろご存じないと思うけれど、慶應通信がスタートしたのは昭和23年からなのですよ」

「そんな古くからあったのですか。戦後間もない頃からなんて驚きです」

「福澤先生の学びたいものに広く門戸を解放したいとの思いがもとになってね。慶應通信は以前2万人を超えていたのですけれど、今は9000人くらい在籍されている、ということなの。それでもね、毎年卒業するのは200~300人くらいなのですよ。ほら、慶應通信はレポートも、試験もみんな記述式でしょう。○×式と違ってコンピュータ処理ができないので、指導する教員のキャパを超えてしまって、レポート返却が遅くて想定の期限内に卒業できないって裁判に訴えた人がいてね、今、入学を絞っているみたいなのですよ。慶應大学自体は数字を公表していないのですが、いろいろな情報から推論を導き出しているのですよ」

**卒業率**

「私も、入学後に卒業率を聞いてびっくりしました。入学前に知っていたら、入学などしませんでしたもの、だから知らなくてよかったのですけれど。でも、卒業率3％とか5％なんて人権問題ではありませんか」

「あはは、コツコツやっていけば皆さん卒業できますよ。そのために、この『湘南慶友会』があるのですから。卒業までの平均は、大学卒で4、5年、高校卒で7、8年ですかね」

「ハァ〜、高卒の私ですと7、8年ですかぁ。ここに来ると色々な情報が得られますのね」

「入学金を納めると同時に、自動的に卒業証書をもらえるようなところを卒業しても、達成感も誇りも持てないでしょう」

「それは、そうでしょうけれど、これほど大変だとは想定外でした。でも、皆様を見習って頑張ります」

**違和感**

役員として最初に割り当てられた仕事は、会報誌のコピーだった。先輩に指導されながら、せっせとコピーをしていると紙で手を切ったりもしたが、ひと組10枚ほどの会報を５００人分はつくらなければならない。そのコピーしたものを役員総出の流れ作業で綴じて封筒に入れ、宛名シールを貼っていく。役員と言っても、私の場合はコピー用紙の束を運んだり、郵送作業だったりの純然たる肉体作業であったが、仲間としての居場所ができていくようで、張り合いがあった。

しかし、何回か、役員会に参加して連帯感も芽生えていくうちに、ある違和感を覚えるようになった。

（あ、また井戸原さんにシカトされた！　もう何回目になるかしら。最初は、私の挨拶に気がつかなかったのかな、と思っていたけれど、もう、私の勘違いではないわ。だって私の横にいた人には、自分から寄っていってハグまでしてこれ見よがしだったもの。でもなぜかしら。心当たりはないけれど、私、何か失礼なことでもしたのかしら）

引っかかりがあったが、月に1回の役員会と数回の勉強会だけのことだ。気にしないようにしようと割り切って与えられた業務をこなしてった。

## 3　打ち上げ会で道化にされて

### 打ち上げ飲み会

夏のスクーリングの楽しみは、最終日に希望者で参加する居酒屋での打ち上げだ。ムードメーカー役の現役医師が盛り上げる。

「皆さ～ん、スクーリングお疲れ様でした！　地震の後で冷房も省エネな中、よく頑張りましたね、今日は思い切り解放感に浸ってくださ～い。カンパーイ！」

「かんぱ～いい」「かんぱ～い」

満面の笑みでグラスを合わせる参加者たち。スクーリングの成績結果はまだ出ないが、ともあれ、今はすべてを乗り切った安堵感でいっぱいだ。みんな、今夜だけでもプレッシャーを忘れて口も滑らかに滑っている。

「俺なんかさー、レポートDに次ぐDでさ、再提出分が分厚くなりすぎて、もう慶應指定の封筒に入り切れなくってダンボールに入れて送りつけてやったよー、ハッハハ」

「あら、私なんか、○○の試験、６回連続で落ちているわよー。もう、こうなれば意地よね。絶対受かるまで降りないわ」

まるで、病院の相部屋や刑務所では病や罪が重いほうが一目置かれるように、通信では、挑戦し続ける方が、つまり落ち続ける方がエライというような感じだ。いやいや、挑戦し続けること自体は素晴らしいのだけれど。

私は、もう滅多にDをもらわなくなっていたが、入学当初の頃、「地学」に落ち続けたことに懐かしささえ覚えた。遥々ここまできたものだ。

「私なんか、12年目に退学したのよ。家庭の事情もあってね。それからまた、入り直して、今年で10年目なの。不思議と懲りていないのよ」

## 手品ショー

そんな感慨にふけっていると、急に声が飛んできた。井戸原さんが見下ろしていた。

「あ、山田さん、そこは役員が座る席なの。どいてくださらない？」

「（え、私だって役員だけど。あ、えらい役員の席ってことなのね。私はヒラですものね）はい、わかりました」

グラスを持って、どこに移動しようかウロウロして、少し空いているスペースを見つけて会釈しながら隙間に潜り込む。やっと落ち着いて、元いたあたりを見回してみると見知らない人が私の席だったところに収まっていた。

（あれ、元の私の席に座った人、わざわざ私をどかしたのに役員でもなんでもない人が座っているじゃないの。どういうことなの？）

私が憮然としていると、幹事役の男性が突然自分を指名する。

「えー、これから手品ショーを始めます。そうだなー、この被り物を被ってもらう人はっと、そうだな、山田さん、山田愛子さんお願いしま～す」

「え、私？」

「はーい、山田愛子さんで～す、よろしくお願いしま～す。メインショーの手品は医師の吉田先生で～す」

グズグズして座を白けさせまいと、しぶしぶ立ち上った私の頭に大きな張りぼての滑稽なお面がすっぽりかぶせられる。視界が暗く狭くなり、化学物質の変な匂いもかぶさってきて息も詰まりそう。

「山田さん、そこでそのまま踊っていてくださいねぇ。面白い振り付けでお願いしますよ」

（えー！）

チャララ〜チャララーのお囃子の音に合わせて手足を揺らす。手品に合わせた手拍が起きてくるのが聞こえる。急にお面の中で涙が湧き上がりそうになった私だったが、負けるまいと、きっと口を結び、涙を堪える。ようやく笛の音が終わり、お面を脱ぐと笑い転げている井戸原さんが視界に入った。

## 直訴

打ち上げ会が終わって、数日後、私はマンマに井戸原さんのことで電話することにした。「女学生の告げ口」みたいなことはやめたらというヒロを振り切った。

「マンマ、この前の夏スクの打ち上げ会、私、井戸原さんのグループの人たちに道化にされました。井戸原さんにはずっと失礼な態度をとられています。役員って、自分の時間、お金、エネルギーを自発的に出して助け合う仲間でしょう。その大人同士が互いに尊重し合わないで、小学生じゃあるまいし、仲間をいびるなんてこと、あっていいものでしょうか」

「まぁまぁ、山田さん、山田さんって、よくよくご苦労をなさってこられなかった方なのね。私はいくつか、ボランティア活動に関わってきたけれど、こういうボランティアやっている人たちこそ、そんな内輪揉めが多いのよ。つまらない小さなことで主導権争いをしたりしてね。でも、私も、あのとき、山田さんを見ていてお気の毒だと感じていたの。よく我慢なさって、あの場を盛り上げてくださったわね」

「いえいえ、私、人より世間の泥水は飲んできたほうだと思いますけれど。第一、私は役員会への野心などありません。でもマンマ、マンマが理解してくださって気持ちが落ち着きました。これからは、あんな人に自分の感情を引きずりまわされないようにするつもりです。成績自慢をしているあの人より先に卒業するよう頑張ります。生涯教育として、ゆっくり学んでいこうと思っていましたけれど」

「そうそう、その意気よ。大事なエネルギーはそちらに向けましょうね」

## ペアルック

秋の「湘南慶友会」役員会で、役員全員がお揃いの「湘南慶友会」とプリントされた青いTシャツを着ている中で、ペアルックのポロシャツを着ている井戸原さんとベテラン会員を見て先輩にたずねてみた。そこで、2人が交際していて「もう2人の世界」であることを知ったが、何も堂々とペアルックまでしてこなくてもよいのにと呆れた。

私へのいやがらせは、もしかして井戸原さんの相手と共同作業をしたことからくる誤解によっていたのかもと、あまりのばかばかしさにかえって吹っ切れた気持ちになった。

# 第4章　卒論へ始動

# 1　クルージング

## ポスティング

ＪＴＢ百周年記念としてのクルージングツアーに申し込んだというヒロに、通信のレポートや試験が気になる私は嬉しい気持ちと困惑する気持ちが交じりあった。

10日間の地中海クルージング、一旦、通信のことは忘れて楽しんでくるのも、通信生活のアクセントになるだろう。

そう心が定まると、あとは、留守の間の諸々を、隣のマンションに住む母に頼んでおかねばならない。

「もしもし、お母さん、お願いがあるの、私、5月の末に地中海クルージングで日本にいないからポスティングを頼みたくて」

「ポス、ポスイング？」

「あ、あのね、郵便物をポストに入れて欲しいの。そういう意味よ」

「近所の普通のポストでいいの？」

「そう、いつものあそこでいいの。ただし5月の最後の3日間の間に限るの。ここ大事よ。出し忘れたらえらいことになるのよ」

「そうなのね、わかったわよ。安心して地中海行ってらっしゃい」

## 進水式

「わぁ〜、進水式って初めてだけれど、凄いのね。空軍のデモンストレーションに、フランスの国民的俳優まで駆けつけて、ジュラールなんとか。でも、なんてったってソフィア ローレン様よ。もう確か70歳過ぎていらっしゃると思うけれど背筋がピンとしていて堂々たる美しさだったわ」

「我々のフロアには彼女のための特別室が用意されているそうだよ」

「私生児で生まれ貧しく育って、カソリックのイタリアでは重婚罪で訴えられて、それでも愛を貫いて、悲劇の高貴な女王からたくましくも可愛いナポリの庶民のおばさんまで演じきって本当に最高の女優、そして人生の持ち主だわ」

「戦争の悲劇映画『ひまわり』がよかったね。音楽も印象的だったし」

マルセイユでの進水式を終えて、ローマ観光の後、「ディバーナ号」はゆったりとシチリア島へ向かう。

## 予想外の行動

「船旅って本当にいいわね。あんなにとらわれていた通信のことも頭から消えていたわ。とは言っても、ちょっと気になってきた。お母さん、ちゃんとレポート出してくれたかしら。まさかとは思うけど念のため電話してみるわ」

念のためと言いながら、のんきな気持ちで母にスマホをかけてみた。

「あ、お母さん、私よ、楽しく旅行しているわ。慶應のレポート、ちゃんと期限内にポストしてくれたわよね」

「あ、出しておきましたよ。期限内最初の日の前日に」

「えっ！　前日？　前日って何よ！　前日じゃダメなのよ！」

「だって、天気予報で当日は雨だからって、ほら、お母さん、足が悪いから雨で滑って転んだらいけないいから、期日を過ぎたらいけないけれど、前日だったらいいだろうと思ったのよ」

「ダメダメ！　慶應はそういうところ厳しいのよ！　遅くても早くてもダメなの！」

「でも、念のため電話した事務局の方に、『お母さまが、お嬢さんの代理で、足が悪いので、雨の予報のため用心されて、前日に提出されたということですが、それでお嬢さんはどこに行っていらっしゃるのですか』と尋ねられて、『サァ、地中海の海のどこかを漂っているらしいです。私からでは連絡できません』と答えたの。事務局の方は『そうですか、地中海の海の上なのですね』と言われて。でも、ダメだとは言われなかったのよ。大丈夫ですとも言われなかったけれど」

「絶対、受け付けてくれないわよ。慶應はものすごく規則厳しいもん。最短卒業のため、このレポートを受け付けてもらわないと、7月の試験が全部受けられなくなってしまうのよ！　もうあれほど頼んだのに、勝手なことして！　試験受けられないと、単位が取れなくて最短卒業ができなくなっちゃうじゃないの！　もうもう折角楽しく旅行していたのに、もう楽しくなくなった！」

プリプリ怒って私はプッツとスマホを切った。しっかり者の母だったが、こういう展開までは想定していなかった。

6月に入って帰国後、慶應通信からのはがきが届いた。

「ワォ！　試験の許可のお知らせだ！　事務局は受け付けてくれたのね。慶應は何がなんでもの杓子定規だけではないのだ。ありがたい、ありがたい、試験受けられるのね！　今まで試験嫌だ、プレッシャーだとごねていたけれど、試験が受けられるなんてこんなに嬉しいものなのね」

そして、母がポストしてくれていたレポートも返却されてきた。

## 2　ドイツ文学

### 感銘を受けました

「どれどれ、ドイツ文学から見てみるか。『A』か。そう、頑張ったもの。講評は…と、『残念な点はレポートの形式的な細部に失敗が多いことです。もう一度、アカデミックライティングのルールを復習してみましょう』そうかそうか、まだまだ完璧じゃなかったのね。えー、でも、これ、凄い！『よい観察をいくつも含んでおり、感銘を受けました』
って！　えー、痺れる！　こんな、こんな、水平目線、『A』は今更感激しないけれど、だいたい

『よく書けているレポートでした』『よく調べてあってレポートの見本です』っていう教師目線ばかりで、私もそれを当たり前だと思っていたのに、『感銘を受けました』なんて書いてくれるなんて、こちらが感銘を受けちゃうよ。よし、卒論はこの先生にみてもらおう！」

**ショートカット**

最短卒業を目指すと啖呵を切っていた手前、ヒロにも仁義を切っておかねばならない。

「どの教員が卒論許可のハンコを押してくれやすいか、とかのデータに基づいて要領よくショートカットを目指すより、自分のインスピレーションに従いたいの。単位取得にはデータのお世話になったから偉そうなこと言えないけれど。ヒロ、これで、最短卒業がダメになるかもしれないけれどいい？　まだまだ生産性のない学生ライフが延々続きそうだけれど」

「最短とか何とかより、君がいいと思う先生にみてもらうのが1番いいじゃないのか」

「そうよね。ありがとう。覚悟ができたわ」

## 3　賭け

**フランス文学からドイツ文学へ**

いよいよ、卒論のことでマンマに個人相談するところまできた。

「皆様大体、入学されて大分経ってからだったり、単位が揃ってきてから、さて卒論はなにをテーマにしようかと慌てたり迷ったりされる方が多いのですけれど、山田さん、卒論はフランスの恋愛文学にしたいと入学された頃からおっしゃっていたわよね。それをドイツ文学に変更されるの？」

「はい、急になんですが。私はずっとシャン・サという中国人なのに、フランス語で書いてゴンクール賞の高校生が選ぶ恋愛文学受賞作品の『碁を打つおんな』にしようと思ってきたのですが。死んだ作家たちと違ってまだ生きている作家はダメだと言われて」

「ダメって、どなたに言われたの？」

「文学部の先輩で、名前はアノゥ」

「ノーベル賞は生きているうちでないとダメだけれど、卒論は作者が生きている、死んでいるかは関係ないと思うけれど。確か、村上春樹で卒論書いた方もいらっしゃったみたいだけれど」

「そうなのですか、でも、事務局にも問い合わせしたのですが、事務局は結局、担当の教員によるので個別の作家については答えられませんということでした。ただ、教えてくれましたのは、フランス文学の卒論の条件にはフランス語の単位を2単位以上取らないといけないそうで、単位を取りやすい夏スクも申し込んでみましたが、もう定員オーバーでした。ドイツ文学ならドイツ語履修は必要ないということで、何より私のレポートに『感銘を受けました』と講評してくださったドイツ文学の川島先生にインスピレーションを受けましたから」

## なりたての准教授とリスク

「そうなのですね。えーと、川島先生はこの4月に准教授になられたばかりの若い先生ね。ですから、この方についてのは、卒論指導についてのデータは全然ないのよ。林田会長は検索がお上手ですからお聞きになってみたらいかがですか」

「はい、わかりました。林田会長は慶應通信経済学部を卒業されて、法学部に再入学ですし、その他に、保健師など2つか3つくらい他の大学の学位もお持ちだそうで、いろいろ教えていただきます」

まったく、慶応通信には慶應義塾大学や他大学を出たのに、通信にも入ってくる人が珍しくないのだ。これも入学して始めて知ったことだ。

「山田さん、どうしてもこの川島先生に卒論指導をしていただきたいの？」

「はい、林田会長、この川島先生に指導していただきたいのです」

「そうなのね。わかりました。でも、この川島先生は、この4月に准教授になられたばかりですね。なりたての先生は真面目に張り切っていらっしゃるし、手持ちの学生も少ないから、指導が熱心すぎて卒論の単位をいただくまで長くかかるかもしれませんよ。気難しい先生に当たると、1年半の指導期間が数年引っ張られることもありますよ。相当覚悟が必要になるけれど、よろしいのね」

「うーん、それは困りますね。ただ、リスクより、この先生に指導していただきたい気持ちが勝っています。計算高い自分なのに、我ながら不思議ですけれど。ただ、こちらが希望しても、とうの川島先生が受け付けてくれるか、事務局が許可してくれるかどうかわかりませんよね。川島先生には、ちょうど今度の夏スク中に講義を受け持たれるようなので直におききしてみます」

「本当は定年間際の先生とかだと、もう置き土産のようにスムーズにいくのですけれどね。他にも通信生の味方すぎてなんでも卒論許可ハンコを押してくれる先生もいるのですけれどね。でも、わかりました。一種の賭けになりますけれど、山田さんがそこまでのお気持ちなら」

## 直のお願い

夏スクーリング、ドイツ文学講義の教室の外の廊下で私は講義が終わることを待っていた。ついに教室の外へ出てきた川島先生を呼び止める。

「川島先生、お疲れ様でございました。突然ですが、あの、私はドイツ文学の課題レポートで『西部戦線異常なし』と『詐欺師フエルス　クルルの告白』『朗読者』で3種類の課題レポートを出した山田愛子と申します。そのときの川島先生の講評に『ユニークな視点に感銘を受けました』とあり、感激致しました。ぜひ、卒論の指導教員になっていただきたくお願いにあがりました」

「あ、そうなのですね。確かにそのような印象に残るレポートがありましたね。わかりました。よろしいですよ」

「ありがとうございます。指導教員の希望欄に川島先生を希望しますと書かせていただきます。どうぞよろしくお願いいたします」

青年のような若々しさと共に、いかにも学究の徒といえるような落ち着いた雰囲気もある川島先生の許可を得られて私は意気揚々と引き上げた。

こうして無事、事務局からの許可も降りて川島准教授とのメールでのやりとりが始まった。事務局と、川島准教授には卒業論指導調査添付書が義務づけられていた。

## 4　卒業論文指導調査票添付書（第1回）

**論文構想**

①　学籍番号：
②　氏名：山田愛子
③　卒論文名：アウシュビッツのフランクルと詐欺師クルル
　～不条理の先の希望は万能薬か～
④　論文構想

卒論のテーマとしてとりあげたいことは「希望」が安易に予定調和として結論づけられていないかについてである。

以前より違和感を感じていたことは「不条理への解決策として絶望を乗り越えよ、その先には希望がある」というメッセージの多さであった。それは特にビクートール・フランクルの「夜と霧」、現代の聖書というべきこの本の講評にあらわれている。あの絶後の極限を生き抜いた著者の「どのような人生にも，どのような局面においても生きる意味がある」という論は万人を圧倒的に納得させるものがある。また自分が乳癌になったとき、内科の主治医が引用してくれたフランクルの「人はみなそれぞれのアウシュビッツがある。けれど水に映る雲、風に揺れる花をみれば生きる意味があるよ」という言葉は実際に心の支えにもなった。

しかしそれでも精神力の優れたフランクルのように悟られなかった人々、悟る余裕などなく、生体実験で殺されたひとびとにこのようなきれいな言葉は侮辱的ではないかとのひっかかりがあった。全く幸運にも平和で豊かな（不況とはいっても）日本で育った自分は、実際あのような状況に陥ったら生き延びられないだろう。勿論、究極においてフランクルの体験は人間と人間性への希望と思えるが、何かが手のあいだからこぼれ落ちていくような思いも残っていた。

このような疑問についてのアプローチの方法としては、まだ漠然としてではあるが、トマス・マンの『詐欺師フェーリクス・クルルの告白』と『夜と霧』の比較から、「不条理への乗り越え方」を考察したいと思う。そもそも「不条理」というものは乗り越えられるものであるのか、また、乗り越えなければならないものであるのかというところからはじめたい。

『詐欺師フェーリクス・クルルの告白』、これはトーマス・マンが30代半ばに書き始め、長い中断をはさんで70才代になって完成したいわゆる教養小説のパロディとされ，世の中に高級な笑いを提供した作品であるとされている。
しかし自分にはそれだけでなくマンは人生と文学への虚無感を根底にもって、このような荒唐無稽な形でしか「人生の生きる意味」をあらわせなかったのではなかろうかと思えた。今回指導教授の導きのもと、フランクルからさまよい出てマンに抱擁され、またフランクルに戻っていく道程を探りたいと思う。

## 5 指導教員に対する論文作成上の質問

### 川島先生からのアドバイス

川島先生からはメールですぐにお返事がいただけた。

「卒論指導調査票」を拝読いたしました。ご質問の件、卒論作成に際し「感想文」にならないように意識なさることは非常に大切なことだと思います。まず大切なことは、「先行研究を踏まえること」です。先行研究を批判的に検討し、他者の研究と関係づけながら自説を主張してゆくことが必要です（これらのことに関しては、論文作成のための入門書を読むと、ヒントがえられます。例えば小笠原喜康『大学生のためのレポート・論文術』は良いです）。

したがって、作業の順序としては、まず一次文献を徹底的に読み込み、次には関連論文を探して、それらを読むという流れになります。その上で論文の構想を考えてゆくことになります。

もう1つのご質問に関してですが、フランクルを対象とすること自体は全く問題ありません。心配なのは、フランクルとマンのセットがうまく機能するか、ということです。プロの文学研究者で、このペアで論文を書こうと思いつく人はなかなかいないはずですので、意外性がある面白い観点である、と言うこともできますが、他方で本当にうまくゆくのか心配なのです。フランクルであれば、他のホロコースト文学（エリ・ヴィーゼル、ルート・クリューガー、プリーモ・レーヴィ、W．G．ゼーバルトなどの作品はご存知ですか？）と比較しつつ論じるのがやはり無難なのです。

あるいは、フランクルについての思いはご自身の心の中にとどめておいて、論文では『フェリクス・クルル』に集中するという作戦もあります。わたしとしては、フランクルかマンのどちらかに焦点をしぼって卒論を考えたほうが、スムーズに進むと考えます（ご存知のように、マンだけでも作品数が多く、二次文献の数も多大です）。やはりどうしても両方とも取りあげたいというのであれば、それでも構いませんけれども、それなりに困難な道であることを覚悟なさってください。

## 卒論相談会での嘆き

私は、この行き届いたお返事にしみじみ、川島先生に体当たりをしてよかったと思った。

「湘南慶友会」の「卒論相談会」では卒論の悩み、中でも指導教員への不満がよく話題にされていた。ある会員などは、卒論担当の教員から自分は忙しいので茨城大学にいる弟子に任せるからと言われて、なぜ慶應義塾大学の卒論を他大学の教員に指導されなければならないのかと悲憤慷慨していた。また、自分の卒論担当教員は指導調査票を読んでくれていないことがバレバレだったと不満を吐き出す会員や、理由も明快でなく、卒論指導を見送られたと訴えている会員、単位は全部履修済なのに、卒論だけ数年間許可を貰えず卒業できないと嘆いている会員もいた。そういう先輩たちの悩みを聞かされていると、これから卒論に取り掛かろうとする学生たちは皆不安そうな顔をしていたし、私も感染しそうだった。けれども「私の川島先生」はなんて誠実な先生なのだろう。自分で選択したからには、前途に困難が待ち構えていたとしても、そしてそれなりの覚悟はあったにせよ、こんなに「当たり」だったとは、私は天に感謝した。

**資料としてだけのはずだった**

私は卒業論文指導調査票添付書を「『夜と霧』におけるフランクルのカリスマ化を巡る考察」として書き改めて再提出した。

こうして、先ずは基本材料だけは揃え、卒論のテーマへの取り組み方が具体的に描けるようになった。思春期のときにナチス、アウシュヴィッツ絶滅収容所を知って激しい衝撃を受けて以来、私はユダヤ人ではないけれど、中国との混血で中国人の血が流れているのだから、何国人とか、何人種とかで人を差別迫害する人間というものに、10代の頃から問題意識を持っていた。

この壮大なテーマに自分ごときが取り組めるのかなという難題ゆえ、トーマス・マンはこの際置いて、川島先生のアドバイスに則ってフランクルと他のホロコースト作家たちとの比較考察にテーマを絞ろう。そこからどう見えてくるものがあるのか、今はわからない、しかし、まずは文献を読み込んでいくことだ。そう心を定めて示唆していただいた関連本を片端から読んでみることにした。

最初のうちは、ただ資料として冷静に分析の対象として読んでいくつもりだったのに、それを超えてホロコースト作家たちの烈しい、あるいは沈痛な絶望の声に憑依されていくようだった。まさしく圧倒された文学の熱量だった。ホロコーストの陰惨な記録文学を読むことは重い気分を伴ったが、人間がこれほど残酷になれるのか、優れた知性や感性、道徳性を持っていた人たちが、それゆえにどれほど苦しまねばならなかったかをいたく感じて私は眠りの浅いいくつもの夜を超えた。

## 国会図書館

慶應義塾大学の図書館は大学間では有数の充実度を誇っている。それでも、私は、書籍だけでない資料を求めて国会図書館に探しに行こうと思い立った。慶應通信に挑戦しなければ、一生行くこともなかったであろう、国会図書館、そこは、いかにも官僚的ではないかと身構えて赴いたが、案内役のスタッフが何人も控えていて親切に検索やコピーの手続きのやり方を教えてくれたので、自分の先入観の思い込みを訂正した。

数回通ううちに館内のレストランや喫茶店のメニューにも詳しくなり、その施設は資料集めで1日中滞在するときの楽しみにもなった。

国会図書館はホロコースト作家達の著作のみならず、それに関連する各地の大学の論文、雑誌の記事など私が期待していた以上にアウシュヴヴィッツや、特にプリーモ レービイについての記述などの収穫が得られた。

## 6　第1回卒論面接

### 卒論のテーマを選んだ理由

こうしてその年の10月、私は第1回目の卒論面接指導を受けることになった。キャリーケースに読了した文献を詰め込んで行った。マンマに、あとで行き違いが起きないようにとアドバイスを受けた通り、面接指導時の録音の許可も恐る恐る申し出たが、川島先生はスムーズに受け入れてくださった。

「1回目の指導ですね。なるほど、山田さんは、もう10冊以上参考文献を読んでこられて付箋もつけてきたのですね」

「はい、アウシュヴィッツの代名詞ともなっているビクトール フランクのカリスマ化をテーマにしたいと考えています。実は中学時代にナチスとアウシュヴィッツのことを知って以来、ずっと心の奥にそのときの衝撃と人間というものへの疑問を抱えてきました。これは私が数年前に自費出版した『春の水は東に流れる』という本なのですが、本書の70頁にナチスと民族浄化について書いています。なぜ私がこのテーマに取り組んでみたいか、ここのところだけでも読んでいただければ、ありがたいです」

私は自著を川島先生に押し付けるように、そのページを開いて指し示した。

## 選別

「だからナチスの確信的『民族浄化』を初めて知ったとき、人間の本性はこうなのか、ここまで『神の子は』残虐になれるのかと強い衝撃を覚えた。ゲーテやトーマス・マン、ヘルマン・ヘッセを輩出した国、近代文明の担い手で、人権の確立した国ドイツで、それまで普通の市民に過ぎなかった人々を、ユダヤ人ということだけで、トイレもない列車に何日も閉じ込め、垂れ流しにさせたまま強制収容所に運んだなんて、犠牲者たちは気が狂ってしまいそうだったろう。搬送に当たった人たちや、収容所の看守の中には憐みを、憤りを感じて救おうとした人達はいなかったのだろうか？ユダヤ人の子供を焼却炉へ放り込んだ彼等だって家へ帰れば、普通の父で、母で、夫で、妻で、息子で、娘なのに。

いや、皆感づいていても知らん顔をしていたのだ。あのような絶後の非道を。選別・センベツを。私は人間というものの底知れなさに恐れを覚え、初めて『絶望』というものの意味を知った」

川島先生はさっと、その箇所に目を走らせた。そして、

「全部、読みますよ」

と本を受け取ってくれた。

## ステーツ

私は思わず川島先生を見つめてしまった。面接の要領もわからず、ただ必死で自分のテーマ選択の動機を訴えたのであったが、卒論のテーマ限定だけでなく、全人的に取り組んでくださるのだと直感した。

その静かな感動はさておき、私は慌てて参考文献のルート・クリューガーの『生き続ける』も取り出して、フランクルへの当て擦りとも言える辛辣な批判をしている箇所への共感を述べた。

川島先生は静かに頷いた。私は、後は夢中で今の時点でのフランクルへの見解を述べた。

「ほう、なるほど、そういう方向でいかれるのですね。ところで私は半年に1回の卒論指導を通常4回やりますが」

「そうなのですか、そうすると、川島先生の指導期間は2年ほどかかりますね」

「そうですね。山田さんのステーツはどのようですか?」

「ステーツ? (ステーツってなんだろう?)、えー、あのできましたら、そこを3回、1年半でお願いできましたら (あら、こんな図々しいこと言っちゃっているわ、私)」

「わかりました。人それぞれにモチベーションや、進捗具合が違いますから、考えておきましょう」

「はい、頑張ります。どうぞよろしくお願いいたします。ありがとうございました」

川島先生は能面のように無表情だ。面接時間は1時間ほどだと聞いていたが、45分ほどで終了したときは、ホッとしたような、物足りないような複雑な思いであった。

## 2回目の卒論指導

半年後、私は2回目の卒論指導を受けた。

「川島先生、構成、章立てしたもの、メールで送りましたものをプリントアウトしてきました」

「プリントしたものは結構です。こちらでできますから」

「はぁ、わかりました（ここでも努力賞は空振りになったわ）」

「結構、仕上げてきましたね。しかし、このナチスについての歴史の部分は、もうすでに知られていることの解説に過ぎませんから必要ありません。参考文献にあげてある映画も必要ありません」

「あ、はい、わかりました。削除いたします（えーん、何冊もの本を読んで、苦労してまとめあげたのにぃ。何万字が無駄になってしまった）」

「ところで、なぜ、ここで改行したのですか？」

「え、ここで改行はいけない？ そこまで読み込んでいただいているのですか？ 川島先生は、通学生の受け持ち講義、大学院生の指導、それにご自分の研究など大変お忙しいのに、すみません、申し訳ありません。ありがたいです」

私が何度かメールで送信した卒論下書きには、こんなに、と思うほど厳密な添削が付けられていた。

例　（のではないかと言う疑念が残る↓無念が残る）（さらには↓かつ）

（残さなかった↓著さなかった）（それはなにゆえだろうか↓それはなにゆえであるのだろうか）

（具体例だった↓具体例であった）（妥協をみることができるかもしれない↓みるものである）

（ナチスだけではない。↓ナチスだけではない、）（「自由万歳」↓『自由万歳』）

川島先生の添削は最初すんなり理解できたものばかりでなく混乱したがこれほど厳密に校正していただけることは、論文として整い、ありがたいやら、川島先生のお手間を想うと、申し訳ないやらで、ため息が出る私だった。

しかし、とどめは、

「この最後の段落は山田さんの主観にとってのみ意味がある感想です。論文の論証から客観的に導き出された結論とはいいがたいです」

うーむ、人類の果てしなき愚かさと、それからの懺悔との永遠の繰り返しの不条理をシーシュポスに喩えていたが、この結びがダメならどのように着地すればいいのだろう。さらに深いため息が出る私であった。

# 第5章　役員改選事件

## 1　抜き打ち解任

### 役員から排除

私が「湘南慶友会」に入会して2年ほどが過ぎた頃の春、一目置いている先輩から電話を受けた。

彼女の声は普段より緊迫していたので、私も緊張した。

「エッ！　林田会長がクビになったって、どういうことですか！」

「だから、総会で林田さんを会長だけでなく役員にすら再任しなかったの。会長からただの会員に格下げしたのよ。もう役員専用ＭＬからも締め出されてツンボ桟敷に置かれることになったのよ。新しい会長が選出されて、その主導のもと、出席していた私たち役員のほとんども、何が何だか分からないうちに、進んでいって気がついたら総会が終わっていたの」

「再任しないって、林田会長が会長を３回目連続なさるのは確かにやりすぎかもしれませんから次の方にバトンタッチすればいいと思いますが、でも役員ですらも、はずされたのですか？」

「執行部の人たちが役員の主な人たちに根回ししていて、私たちただの役員たちは、訳がわからないうちに、しゃんしゃんと決まってしまったの」

「では、マンマは？　マンマも役員から排除されたのですか」

「まさか、マンマまでは、さすがに誰も手を出せないわよ。今の執行部の誰よりも、ずうっと会を長年支えてきた、あれほどの功労者ですもの」

「あー、よかった。マンマだけでも、そんな目に合わなくて。でも林田さんだって2期も会長を務めた方だし、私なんか敬愛していたのに」

「まぁ、マンマが林田さんのバックにいて長々とマンマ式の運営をしてきたことに不満を持つ若手の役員たちがいて、クーデターのタイミングを狙っていたらしいのよ。暇な年寄りがいつまでも牛耳っていると弊害が多いって」

「そんなー、今の執行部だってマンマや林田会長にお世話になっていない人なんかいないはずなのに！」

## 会員数500人

「本当よねぇ、ただ、あまりに『湘南慶友会』が素晴らしくなりすぎて、その評判で会員数が500人くらいになってしまったでしょう。それで役員の負担が大きくなりすぎて、不満も増えていたのよ。マンマたちは来るもの拒まずだったから。でも、仕事や家庭を持ちながら、あの大世帯をボランティアするとなると、自分たちの学業や卒業もおぼつかなくなるって、危機感があったらしいの。その気持ちもわかるしね」

「役員の皆さんは、そんなパワーと実績のある『湘南慶友会』を誇りに思っていると私なんか思っていましたけれど。逆に不満だったのですか。それで、これからどうしたいっていうことなのですか」

「会員数を絞って昔のように300人くらいに縮小していく方向みたい。あとね、マンマは1人でも多くの人を卒業させたいと過去問や予想試験問題、果ては課目難度まで参考になるようつくって提供してくれていたでしょう?」

「はい、私なんかどれほどお世話になったか。この課目に興味はあるけれど、難易度Dとかだと、やっぱりやめようとスルーして、それはいいことかどうかといえば、よくないかもしれないけれど。速い単位取得のためには大いに参考にさせてもらったし、そういう戦略だって慶應通信の壁を越えるためのスキルでもあると割り切っていました」

**問題視**

「そのやり方が、通信本部から『湘南慶友会』は過去問指南や予想問題提供などはやりすぎだと、問題視されてきたみたいなの。だから、クーデター派は本来の純粋の勉強会だけにして単位修得のテクニック提供は廃止しようって、そうすると役員の負担も減るからって」

「それは、そうかもですね。でも私だってあれほどきめ細やかに面倒を見てもらえたからここまで続けてこられたし、これから方針転換した後の通信生は、苦労するだろうなぁ。今までだって大変だったのに」

「愛子さんはギリギリ恩恵を受けられたわね」

「そうですね、本当におかげさまで。はー、それにしても林田会長、今は会長じゃなくなったのか、そんな露骨に引き摺り下ろされた林田さんがお気の毒。私覚えています！　夏のスクーリングのとき、校舎の中庭の『湘南慶会　たまり場』、木の下で蚊が多いからって、蚊取り線香器を2つも3つも持ち込んで、会員を蚊から守っていた姿を」

「そうよ、そうだったのよ。日吉でも三田でも木の下の1番いい場所を確保するために朝の6時半頃からご主人と場所取りをして『湘南慶友会』の旗を木に巻き付けて陣取りしていたのよ」

「エェー、そこまで！　それは今までちっとも知りませんでした。そうそう、夏スクの間、小さいお子さんを連れてこざるをえないママ受講生のお子さんたちを午後の間預かってもいましたよね。そんなに尽くされていたのに、なんか納得できない成り行きです」

## 崑劇公演

「ほら、林田さんが企画した上海から留学していた陸君の崑劇公演のとき、親と観にきた子供たち数十人にチャイナ服着せたりしたことあったでしょう。あれなんかも、事前にその服の買い出しに行かされたとか、覚えが悪いと叱られたとかでハラスメントを受けたというクレームがあったらしいの。結構、張り切って林田さんのサポートをやっていたみたいだけれど、女同士はこじれると怖いわね。どちらにしろ、もう総会で決まっちゃったことだし、仕方ないわねぇ」

「私も、その総会、出席できなかったから文句言う資格もないし。でも、あの崑劇公演、評判もよくて、通信生たちだけで企画運営したのも誇りであり、皆さん、その活動を楽しんでいたように見えたけれど。こんなに受け止め方が違うって、私、相当見当違いの鈍感だったのでしょうか」

## 新しい酒は新しい袋に

同時に先輩と私はため息をついた。先輩との電話が終わった後、急にたまらなくなって私はマンマに電話をかけた。

「マンマ！　先ほど、林田さんのことを聞きました。驚きましたし、残念です。でもマンマは役員に残られるということなので安心しました」

「あらまぁ、山田さん、心配してくださってありがとう。でもね、私も役員を辞退することにしたの。林田さんは私の意向を尊重して会長を2期も務めてくれたのに、林田さんだけを外して私は続けていくなんて、それは私の気持がすまないから」

「そんなー、でも、そうですね、マンマはそういう方ですものね。でも今度の新しい会長は、マンマと林田会長さんと谷沢元会長が推薦していた人と聞いていますのに、どうしてこんなことに」

「あの方、穏やかな紳士かと思っていたけれど、今回の主導者たちと話が付いていたのね。私たちが見る目がなかったのよ」

「何か弊害を取り除いたように勝ち誇って『古い袋より、新しい酒は新しい酒袋に注ぎましょう』と、今度のことをさも素晴らしい改革のようにいう人たちがいたと聞きました。マンマ達を古袋に例えるなんてほんと、失礼だと腹が立ちます。今まで和気藹々とみえていた役員会でしたのに、不満があるならオープンに議題に挙げて堂々と提言すればいいのに。こんなこと言う私、偽善者なのでしょうか」

「古袋とか、そういうお話、私も、それは聞いておりますよ。でも、山田さんが、そんなに正義感がお強い方だったなんて、今まで知りませんでしたわ」

「いえいえ、でももし、新しい方針でいきたいなら、もっとマンマたちと話し合ってからにすればいいのに、こんな抜き打ちのような形で出し抜くなんて、今までどれほどマンマと林田さんが私たち後輩のために尽力されてきたか知っているはずなのに！　こんな敬意のかけらもないやり方が納得できないのです」

「まぁまぁ、山田さん、私も本当は煮えるような思いなの。ただね、ずっと考えていたのよ、自分の引き時を。私は年齢もあるし、持病もあるし、ただ、私を頼りにしてくださっている方たちが次々といるので、ついつい続けてしまって。だから、この際辞めることを決めたの。山田さんは卒業までもう少しのところまできたようだから、このまま頑張ってね」

**自力で、できます**

「はい、私はもう『湘南慶友会』は必要ないところまできました。あとは自力でやれます。でも、それも『湘南慶友会』、マンマのおかげでした。マンマが私を誘ってくださり、マンマのご指導で

1歩1歩進んでこられました。マンマなしではここまでも来られませんでした」

「そう言ってくださってありがとう。1人でも多くの方が卒業してくれることが私の生きがいだったの。私自身のためでもあったの。だから私は大丈夫よ。あなたの卒業報告を待っているわ」

「はい、私は頑張ります。ありがとうございました。でもこんなこと、私が卒業してから起きてくれたなら、私は『湘南慶友会』にいい思い出だけを持っていられましたのに。私のエゴですが、残念です」

「私だって、悔しい思いはあるのよ。夜眠れないときもあるの」

一瞬、感情をあらわにしたように見えたマンマに、私も思わず言ってしまった。

「マンマ、これは負け戦なのですね。何もせずに城を明け渡すのですか」

「いいのよ、それで」

すぐに悟ったかのごとく落ち着いた様子に、私も、煽ったような自分はマンマにとってもありがた迷惑だったのかもしれない、結局、独りよがりのお節介なのか、とそれまでの憤っていた気持ちが萎えてきた。

それでも1日考えて、私は「湘南慶應友会」のMLにマンマや林田会長たちの擁護投稿しておこうと決心した。

それは自分にとってマイナスであるであろうことは承知していた。なにか討ち入りをするような思いだった。

## ２　ＭＬへ投稿して

### 解任劇のような

「新会長、及び役員、会員の皆様

先の役員会総会でのマンマと前会長の林田さん、元会長の谷沢さんへの、ご本人たちが全く予期しない、まるで解任劇のようなやり方は礼を失していると思います。どれほど、マンマたちが長年『湘南慶友会』に尽力され、多くの通信生が希望を失わずに進んでいけたか、みなさまよくご存知の筈です。少なくても事前の話し合いはあってもよかったのではないでしょうか」

### 応援メール

役員ＭＬにも一般会員ＭＬにも、そして私の個人メールにも、新執行部からの反応はなかったが、一般の会員たちからは私の個人アドレスに次々とメールが届いてきた。

「ＭＬを見て驚愕しました。自分も山田さんに全面同意します」

「私もマンマのおかげで卒業して、また再入学しています。マンマがお気の毒です。林田会長にも大変お世話になりました」

「マンマは、勉強会の後、出たゴミを袋に移してご自分の車で持ち帰っておられました。私は、自分のオンボロ中古でもあんなことはようしません。マンマのことを尊敬しています。今度のことは納得できません」

「マンマはいつでも、学業だけでなく、仕事のこと、家族のこと、どんなことでも相談に乗ってくれました。感謝にたえません。残念な気持ちでいっぱいです」

「新しい執行部たちは林田会長の追放を裏で結託してクーデターを起こしたのですか。羊の皮をかぶった狼だったのですね。いえ、羊の皮をかぶったタヌキだったのでしょうか」

「いっぱい、賛同メールが来たけれど『湘南慶友会』のMLの方じゃなくて全部私の個人メールの方かぁ。堂々と表には出て応援はしてはくれないのだなー。みんな、そんなに今の執行部に遠慮しているの？　意見表明や批判したからって何がそんなにこわいのかしら。雇われているわけでも、投獄されるわけでもないのに」

「日本人は村八分になるのが苦手なのさ。できるだけ波風を立てないように忖度する。ほら、『和をもって尊しとなす』ってみんな大好きじゃないか」

「もちろん、まだまだ『湘南慶友会』のお世話にならなければいけない人が多いから無難にいきたいのは理解できるわ。私だって、もう必要ないから文句も言えたのかもしれない。あー、私、今の執行部の敵役になってしまったのね。私だって、みんなと仲良くしていたかったのに。新しい執行部の中にもお世話になった方や一目おける方もおられるのだし、マンマや林田会長たちのこと、卒業まで知っても知らん顔しておけば、波風立てず、テキを作らず無事のままで過ごせたのに」

ジャンヌダルク

「自分でいいと思ってやったのだからいいじゃないか。マンマは素晴らしい方だったのだから、いいことしたのじゃないか」

「あら、あなた、マンマに会ったこともないのに」

「会ったことはなくても、君はいつも『マンマが、マンマが』って言っていたじゃないか。それを聞いていたらマンマは素晴らしい人だってわかるよ」

「そうか、私、そんなに『マンマが、マンマが』って言っていたのかぁ。

あれ、また個人メールが来た。今度は『応援しています。山田さんはジャンヌダルクです』だって！『イヤイヤ、最後は火あぶりでしょうか』って返信しておくわ」

新たな執行部に公然と異議申し立てをしたからには、逆批判されることや、更には退会を促されることまで覚悟していた。

以前、会員であるエリート男性にストーカー行為をしているとされた女性を除名決議した例会に参加していた私はその光景も覚えていた。のちに、その女性と試験会場でバッタリ出会って直接無罪を訴えられたこともあったが、私にはことの真偽もわからず困惑するばかりであった。全く親しくもない私に必死に訴えた彼女は結局、しばらくして退学した。何が本当なのか、「湘南慶友会」には伏魔殿のような側面もあるのかと気味がわるい思いもあった。

結局、私への退会勧告はなかったが、やはり居場所を失った気分だった。

## 除籍処分

そして、これが通信事務局の耳に入ったら、どう曲解されて、慶應義塾大学公認の勉強会「湘南慶友会」の秩序を乱す者だとして大学を除籍処分になったら、どうしようという気がかりもあった。

折々に送られてくる「慶応通信ニュースレター」には、「学籍番号〇〇番　以下のものは停学6か月」、「学籍番号〇〇番　以下のものは退学に処する」という記事が時々掲載されていた。理由は試験におけるカンニングとか、慶應義塾大学の名誉と品位に反した行為があったとからしいが、自分には関係ないことだと思っていた。しかし、今回の解任騒動の経緯を知ると、油断がならないのではと、そのうっすらとした懸念は卒業間際まで消えることはなかった。

マンマが自ら退場したなら、あとは少し残っている単位取得と本番の卒業論文を仕上げることだけに専心しよう、自分に言い聞かせた私の脳裏に「湘南慶友会」の思い出が浮かんでくる。

## 思い出

慶應SFCの近くの農園での「新入会員歓迎BBQ大会」

桜の季節に企画された千鳥ケ淵の花見ツアー。

麻布の善福寺にある「福澤諭吉先生の墓」に有志でお墓参りをして1人ひとり卒業を祈願してお線香を供えたこと。

法学部の役員たちが企画した「裁判所見学」ツアー。アイスピックで被告が喧嘩相手の手の甲を刺し抜くなどの生々しい検事報告や、自分の斜め前に座っていた女性のミニスカートから覗いていた太腿の薔薇の刺青を見て「おー、本物の極道の妻がいる」と仰天したこと。

夏スクや夜スクの最終日の打ち上げに行った数々の居酒屋、下見に行って値段交渉してまとめてくれていた担当の役員の方々の顔。

上海の復旦大学を卒業して慶應通信経済学部に留学してきた陸君が崑劇のスターであることを林田会長が知って、日吉校のホールで自主公演を開催したこと。

ただ学習機会を提供するだけでなく、各々孤立しがちな通信生に様々なサークル活動や行事を企画して通信生同士の親睦交流をはかってくれた、尊敬し大好きだった「湘南慶友会」、今や、分裂してしまった会員たち。ほとんど誰も寄り付かなくなっていた夏スクの「溜まり場」の寂しい姿。あんなに和気藹々で親切心に満ちていた仲間同士だったのに、なぜこんなことになってしまったのか。

「どうして！　どうしてなの！」私は叫びたい思いだった。

**あなたのなさることはもうありません**

しばらく後に、役員だった人とある喫茶店で語り合った。その人は未だ怒りが収まらずという調子で話し出した。

「私と、元会長の谷沢さんがね、改選後初めての『湘南慶友会』の田町のほうの例会場に入ろうとしたら、新しい執行部の役員が谷沢さんに『あなたのなさることはもうありません』って、私たちの前でドアを閉めたのよ！」

「まさか、信じられない！　そこまで露骨に失礼なことをするなんて」

「谷沢さんと私、そのまま田町駅前の喫茶店に行ってそこで2人とも泣いてしまったわ。家に帰って、夜になってもまた泣けてきて、主人が『どうしたんだ！』って驚いていたくらい」

「谷沢さんも会長を2回務めておられた大功労者なのに。いつもにこやかに気配りされていて初心者でオロオロしていた私にも親切にしてくださいました。感謝していたのに。でももういいです。会費は最後まで払いますが、実質的には退会して、もう自分の卒業だけのことを考えます。お世話になった湘南慶友会とこんな形で離れることになるのは残念ですけれど」

「まぁまぁ、あなたが悲劇の主人公みたいに自己陶酔しないでね。本当にお気の毒なのはマンマや林田さん、谷沢さんなのだから」

「そうですけれど、今の役員会の敵役にされたみたいで。でも『社中協力』のもとでも群れない、媚びない、追従しない人格であれという福澤先生の教えでしょう。それなのに、違う方向にいっているでしょう。はい、もう自分の愚痴はやめますね」

「ふふふ、大演説もそのくらいにね。愛子さんは理屈っぽいから敬遠されるのも無理ないわよ。福澤先生は愛があってもクールなのよ。あなたみたいにカッカしないの」

# 第6章　夜のスクーリング

## 1　夜のスクーリング

### 新幹線や夜行バス

スクーリングは夏の3週間だけでなく、1課目で週1回、9月末から始まり12月半ばの試験で終わるまで続く夜のスクーリングもある。地方在住者にとって夏スクも通うには大変であるが、ある意味、まとまって集中できるものでもある。

しかし、週1回の約3か月間は別の意味で大変である。東京都港区三田に通うため、週ごとに関西や東北から新幹線や夜行バスで通う通信生の苦労話は珍しくない（現在は集中してまとめて取れる夜スクもできた）。

その点、自宅から徒歩で通える私は恵まれている、残暑がすぎ、枯れ葉が舞い散り始める夜の慶應義塾大学の構内は静かだ。教員の研究室がある建物を通るとき、私は窓を見上げる。

「川島先生のお部屋、どのあたりなのかな、あの灯りのついた部屋かも」

### 元・会長

「経済学」に続いて、4年目の夜スクで選んだのは「法学」であった。文学部であっても「法学」と「経済学」はスクーリングで必修課目なのだ。

私は講義がある広い講義室を見渡して嬉しい発見をする。

「あ、林田会長がいる！　よかった、お近くに座っていいですか。会長、お元気ですか」

「あら、愛子さん、大丈夫よ。もう、会長ではないけれどね」

林田さんは穏やかに微笑んだ。

「はぁ、私にとっては、今でも会長のままですけれど」

講義が始まる直前、林田さんが、ノートパソコンを立ち上げる。

「今日の講義、全部ＰＣに打ち込んでおくから、あとでＵＳＢデータにして差し上げるわね」

「変わらずお世話係ですね。もう、私、今日の講義中、眠っていても大丈夫ですね」

私も微笑む余裕ができてきた。そんな中、カフスボタンが似合いそうな、いかにも正統派というような法学部教授がにこやかに登場してくる。

## 2　プレゼンテーション

### 希望者

「では、法学の夜間スクーリングを始めますね。通信生は年代も、仕事も人生経験も多様な方々がいらっしゃいますね。そこで、私の講義を一方的に流すだけでなく、皆さんの人生において、法律との関わりの経験がおありの方に発表していただくことを提案したいと思います。ご希望の方は、講義終了のあと、申し込みにおいでください」

カシャカシャと速記係のように林田会長がキーボードを鳴らす音が隣に聞こえる。そうだ、自分の体験談を発表しようと、ふいに思い立った私は講義の終わりに教授の元へ赴く。

「先生、私、アメリカのシアトルで所有していた不動産の日米での二重課税のことでお話ししたいことがあります。よろしいでしょうか」

「ほぅ、よろしいですよ」

「ありがとうございます。よろしくお願いいたします」

## 受講生の法律体験

夜スクの教室では、前半と後半の間にある10分間の休憩時間にあちこちの席でパンやおにぎりをかき込んでいる夜間スクール生の姿がある。

（ああやって会社帰りに駆け込んで、短い休み時間に晩ご飯詰め込んでいるのね。ほんとに社会人が通信するのって大変ね。私なんか、家でちゃんとした夕ご飯食べてから、ここへ来られるけれど）

「それでは、後半の講義に入ります。今回は受講生さんの中から、法律との関わりについての経験談を話していただきましょう。○○さんは六本木ヒルズでの弁理士としてのお仕事から、△△さんは、大手食品メーカーの法務役員のお立場から、山田愛子さんは日米における二重課税についての発表です。最後には専門家としてインドネシアの裁判事情について弁護士の□□先生にもお話ししていただきます」

私より、先に発表した2人は、パワーポイントを使って専門的なプレゼンをしていた。私は、簡単な原稿を用意していただけだった。1人、15分の持ち時間、長すぎても短すぎてもいけない。家で時計を片手にシミュレーションをしてきてはいたが、いざ、現場に立ってみるとはやる気持ちと緊張が混ざり合った。

## シアトルの不動産

「文学部の山田愛子です。私は法学部専攻でもなく法曹資格も持っておりません。この法律に無縁なフツーの素人が、理不尽と思える法律にさらされたとき、どうやって闘い、法律の壁を乗り越えたかの経験を話させていただきます」

壇上から、教授、何百人かの受講生が自分を見つめていることを感じて私は深呼吸をした。

「私は、2001年9・11テロがあった日の前日にアメリカ・シアトルで所有していたコンドミニアムを売却して日本に帰国しました。ギリギリで飛行機も無事取れましたし、テロ後の不動産下落も免れました。

結局10年ほどの所有で価格自体は2倍ほどになっていましたが、為替差損も生じており、丸々2倍儲けというわけには至りませんでした。それでもある程度の売却益はあり、その年の年末に現地の日系税理士の指導のもと、税金を指定されたアメリカのワシントンDCの機関に納税しました。

その翌年の3月、居住地の東京都港区の港区税務署に、その他の所得と共にそのことを申告しました。

## 二重課税

すると、港区税事務所は、アメリカの不動産売却益に税金をかけてきました。

私は、その税金はすでに米国に納入済みであり、その控えも添付しているので、日本で支払う義務はないのではないかと訴えました。

返事は、米国での納付は2001年であり、現在は2002年で年度が違うので納付しなければならないというものでした。

私は、それはトリッキーな理由で、どうも納得できないと抗議しました。担当者から納得されないのであれば、国税局から返事させますと言われ、何か脅されたように感じました。「そんな大袈裟な案件、額でもないでしょう」と訴えましたが「お待ちください」と言われたまま夜の7時近くまで港区税事務所の職員室で待たされたというか、放置されました。

続々とコートを腕にとって職員たちが帰っていく中、こんな抗議をすると夫まで嫌がらせの税務査察をされるのではと心配が広がっていきました。

やっときた返事は「国税も同じ意見です。年度が違えば、納税するというのは法律で決まり事ですから。今日はもう帰宅なさって結構です」

## ３大資格

私は帰宅して夫に事情を説明しました。夫は「東大卒で弁護士と公認会計士、それと国際通訳の３大資格を持つ知り合いの黒川先生に相談してみたら」と助言してくれましたので、私は虎ノ門にある黒川先生の事務所をお訪ねしました。

私の一通りの説明を聞いた黒川先生は「私は奥様の言われることが正しいと感じます。二重課税についての判例を確認しますので、後ほどご連絡いたします」と答えられました。翌日、黒川先生からお電話があり、「やはり、奥様の二重課税は不当ではないかとの疑問が正しかったことが判例から確認できました。私から港区税事務所に電話とＦＡＸを入れておきます」と心強いお返事でした。

## １年後に返却はいかがでしょうか

そして港区税事務所に出かけた私は、その担当だった職員を「港区は外国人も外資も多いのに、こんな年度の違いによるとかいう二重課税があるなら、誰も投資をしなくなりますよね。私のような素人はあなたのような専門家が『法律です』と言われれば怯んでしまいます。そんな責任ある仕事なのにどうして間違ったことを押し付けたのですか？」と睨んでしまいました。

彼の返事は「こんな案件は初めてだったのですよ」でした。謝罪もせずに、この自己中心のはぐらかしの返事、私は呆れてしまいました。そうしていますと、ニコニコした年配の職員が近づいてきて別室に案内されました。そして「この度はご迷惑をおかけしました。しかし、一旦課税手続きをしてしまいましたので、ここは一度税金として納付していただけないでしょうか。1年後に返却いたしますからいかがでしょうか」と相変わらずニコニコしています。

私も（ま、いいか、自分の言い分が正しかったと認められたのだから。これ以上ことを荒立てなくても）と了承しました。

## あなたの勘違いでしょう

そして1年後しばらくしても、なんの音沙汰もないので港区税事務所に出向きました。応対したのは有能そうな若い女性職員でした。私の話を聞いて、その女性職員は「そんな申し送りは受け付けておりません。やはり納税対象です。去年のやりとりはあなたの勘違いでしょう」と言われ仰天しました。

また、黒川先生に駆け込みました。黒川先生も驚いておられました。あらためて港区税事務所に電話してくださるとのことでした。何日後かに私の銀行通帳に去年妥協して納税の形にした金額が港区税務署の名義で振り込まれていました。利子はついていませんでした。延滞税の方はしっかりと取りますのに（笑）。

ここまで法律の専門家でもない私の個人的体験を聞いてくださってありがとうございました。私がこうしてこの場に立たせていただきましたのは、たとえ、法律ですからと税務署に言われた場合でも、納得がいかないい場合は、行動すること、信頼できる他の法律家に相談すること、大袈裟に言えば権力とも戦うことの大事さです。私も税務職員室の片隅に1人で待たされていたときは「なんか釈然としないけれど、お上にタテついて後でいじめられるより、適当に手を打っておくべきだろうか、夫にまで迷惑が及ぶと悪いし」と弱気の虫が襲ってきました。

## 逃げずにやってよかった

ただ、それでも頑張れたのは、この場合の二重課税はおかしいのではないかとの自分の直感を信じたい気持ちでした。自慢話ではありません。港区税事務所という権力を持つ専門家集団でも間違いをすることもあり、小手先でごまかしを言うこともあり、その反省を組織でシェアしていないこともあり、それと戦うことはとてもエネルギーを必要とすることであり、ストレスフルな経験だったということです。

それでも妥協せずに逃げずにやってよかった、それはお金を払わなくてよかったというだけでなく、正しいことを勝ち取ったという満足感を得られたからです。もちろん、黒川先生という有能で誠実な専門家の助けがあってのことです。それでも個人が法律を学ぶ意味、それは不当で理不尽なことから自分を守ることに繋がることです。法律が詭弁の道具でなく正義の擁護に用いられますようにと願っております。この夜間スクーリングで、個人的体験をシェアする機会を与えていただいたことを感謝申し上げます。ありがとうございました。

## 大成功

話終えて、ほっと息をついた私は、受講仲間が見つめている大教室を見渡した。一拍の後、大きな拍手が壇上まで押し寄せてきた。そばで見守っていた教授が大きく頷き、微笑みながらマイクを握った。

「3人の発表者の皆様お疲れ様でございました。受講生の中から発表していただくという初めての試みでしたが、大成功だったと思います。

最後の山田さん、貴重なお話をありがとうございました。さて、みなさん、この山田さんのお話から何を感じ、何を捉えられました、でしょうか。この後、駅への帰り道に港区税事務所の近くを通られる方も多いと思います。帰りがけに港区税事務所を見つめて帰られてはいかがでしょうか」

ドッとした笑いが湧き上がる中、一礼をした私に、また大きな拍手が贈られた。

席に戻る途中では、目で頷き肯定を示してくれたり、手を伸ばして握手してきた受講生たちもいた。

席に戻った私に、林田元会長が満面の笑顔で頷いた。

「愛子さん、いいプレゼンだったわよ。福澤先生は、明治政府からの官位や勲章をご辞退された方だったから、慶應には反骨精神が連綿とあるのよ。一見軟弱にみえてもね。私の夫は、官僚を多く出す東京大学卒業だけれど、官僚主義には批判的なの」

翌年1月に返ってきた法学部夜間スクーリングの成績評価は「A」であった。

# 第7章　最後の卒論指導

# 1　目が見えない！

## 黒い筋

いよいよ、3回目の卒論指導がもうすぐに迫ってきた。これで最後になるはずだった。その覚悟で夜遅くまで資料を読み込み、川島先生とメールでやりとりをしていた。

そんな卒論制作に勤しんでいた日々のある朝、目覚めた私は、目の異変に気づいた。左目の視界に黒い筋が入っている。髪の毛が目に入ったのかと思った私は水道の流水で洗い流そうとした。けれども消えてくれない黒い筋に何回か繰り返し目を洗ってみたり、目薬をさしているうちに、墨を流したようになってきた左目がついには曇りガラスのようになってきた。もう、明暗しかわからなくなってきた私は、失明するのかとパニックになって済生会中央病院の眼科に駆け込んだ。

## 硝子体出血

検査の後、診断結果を伝えられた。

「硝子体出血ですね。脳内出血、腫瘍、打撲によるもの、加齢、その他、原因はいろいろ考えられますが、治療法としては、手術、こちらはリスクもあります。もしくはベッドにうつ伏せで固定されたまま出血が自然吸収されるまでひと月とか待つ方法、経過によって、その期間は延長されますし、どちらも完全に治癒するかは保証できません。どちらの方法になさいますか」

突然の病変に、素人が重大な選択を迫られることになって、混乱した私だったが、そんなときでも卒論のことが頭から離れなかった。

「ひと月とかそれはできません。リスクがあっても手術でお願いいたします。大学の卒論指導がもうすぐあるのです。どうぞそれまでに治して欲しいのです」

治療法を決定して気が緩んだ私は、ふと浮かんだ疑問を質問してみた。

「あのぅ、この症状は勉強のしすぎとかでなってしまったのでしょうか」

「それは関係ありませんね」

「はぁ、そうなのですね」

勉強のしすぎで目が悪くなったのなら、それはそれでカッコよかったのだけれど、卒論が不出来でも言い訳にも使えるし、とがっかりした私だった。

## 2 手術

### 泣いてはいけない

硝子体出血の手術と共にすすめられた白内障の手術も同時に受けることになった。入院期間は1週間であった。病室では、左目に眼帯をしたまま、右の片目で、持ち込んだノートパソコンでメールを読んでいた。

（脚韻のつけ方にとまどっていたけれど、やはり川島先生から、アカデミック・ライティングに無頓着であるとお叱りメールが来ている！　あー、此の期に及んでこのレベル、でもなー、今まで使っていたアカデミック・ライティングの参考書と様式が違うもの指定されたから、つい、混乱しちゃうのよねぇ。あらら『あなたは私が指摘したことをきちんとしていませんね』もあるわぁー。いえいえ、一生懸命応えてきたつもりだったのに、何がいけないのだろう（このときは、川島先生の添削メールの詳細を見落としていたのだった）

涙が出てきたけれど、泣いちゃいけない、手術直後なのだから、目に障るわ、あ、またとどめが、『この結論があなたの言いたいことですか？』って、うーん、着地点をまた考え直さなくては）

## 運は尽きていない

手術が始まった。視力を遮断されているので、局所麻酔がかかっているとはいえ、全身の神経が鋭敏になっている。F先生が研修医を叱咤している声がきこえる。「ダメ！　そこじゃない！」

何としても、3回で卒論指導を終わらせたかったのに、この時期に、目の手術なんて、と不運を呪っていた私だった。しかし、出勤日でもない日曜日に私の経過だけを診に来てくれた優しいF先生に励まされ、眼帯を取った途端にまるでドラマのように、しっかりと目が見えることに歓喜した。

F先生は慶應義塾大学医学部卒だった。この縁に私の運はまだまだ尽きていないと思い直した。

# 3　最後の卒論指導

## 恥ずかしいものではありません

「これでいいのだろうか、文学部の論文って、データーや数字、アンケートなどが使える経済学部とか、法律とか判例とかの資料に照らし会える法学部と違うし、同じ文学部でもI類の『哲学』やII類の『史学』とも違って、私の文学部III類の対象自体は作家の主観に満ち満ちた文学作品なので、それを論じるということは論文というより、感想文にしかならないのではという思いが拭いきれないなぁ」

「アウシュヴィッツは、自分のことと重ね合わせたりするから、どうしても個人的感情が入ってしまう、だろう、からね」

「社会学で卒論出した人なんか、『これはあなたのライフストーリーに過ぎません』と却下された人もいるし。あー、川島先生には厳しくダメ出しされて、もしかして卒論指導３回を４回に延長されて最短卒業できなくなるかも」

「なにか悲観的なことばかり言っているね」

「あ、きている、きている、メールが！　川島先生から『あなたの論文はどこに出しても恥ずかしいものではありません』って！　あー、最後にこんな肯定のお言葉をいただけてありがたい。幸福だわ！」

## ハンコを押します

ついにきた最後の卒論指導で私は川島先生と向かい合っていた。

「これでよろしいでしょう。卒論指導書にハンコを押しますよ」

「川島先生、本当にありがとうございました。今まで、先生には『あなたは私の言うことを聞いていませんね』と厳しく指導されて、これでは最短卒業ができなくなると焦っていました。今ではあんなに読み込んでいただき、真摯に指導してくださったことに感謝してもしきれません。これで、母によい報告できます。母には『私が生きているうちに卒業してね』と言われていました」

私は4年間分のため息を吐き出す。

「もう、ハンコをいただいた後ですから、これは泣き落とし作戦ではありませんよね。これで最短卒業も叶いそうです」

いつも、平静な表情の川島先生のお顔にも、今はほのかな微笑みが浮かんでいる。

卒論最終受付日に私は通信事務局と田町の印刷所との1時間の往復を3回繰り返す。必死の私に印刷所の職員さんたちも一生懸命に協力してくれる。

「締め切りは4時半ですね。また、誤字がありましたので、製本所で刷り直してもらいます。締め切り時間までには必ず持ち込みます！」

ようやく卒論提出を済ませた私は林田会長に報告の電話することができた。

## 4　大いなる錯覚

### 最短卒業

「林田さんが申し出てくださったとはいえ、卒論では1日かけて読み合わせをしていただき本当にありがとうございました。おかげ様でいろいろ訂正箇所に気づき、より客観的な卒論に仕上がったと思います。今日事務局に卒論を提出できました。３回、再提出を繰り返して事務局の人も、『そんなに完璧にしなくてもよいのでは』と呆れているようでしたが。まだまだ心残りはありましたが、最後はエイヤって。そして必修単位は１２４単位をいくつか超えていますので、あとは面接試験をクリアしたら最短卒業になります！」

「山田さん、お疲れ様でした。ところで愛子さんは何年ご入学でした？」

「私ですね、２００９年秋入学で卒業は２０１４年春の予定です」

「すると、在学期間は4年半になりますね。そうすると高卒資格の最短卒業は4年なので愛子さんは最短卒業にはならないのですよ」

「え～、そんなぁ、大学卒入学の最短卒業は2年半でしょう。だから高校卒入学は4年半ではないのですか？」

「確かに大学卒は2年半ですが、高卒の場合は4年なのですよ」

「えー、そうだったのですか！　では目指していた最短卒業はダメなのですか！　どうしよう、川島先生に最短卒業ができます、と誇らしげにご報告したのに。夫にも母にも喜んでもらえていたのに」

## 彼女のおかげ

最短卒業への思いは、恥ずかしいのでマンマにも相談せず自分の胸にだけ秘めていたし、周りにも高卒で最短卒業の人とも縁がなかったので間違った思い込みでここまできてしまった。

「残念ねえ。でも、愛子さんに嫌がらせをしたあの彼女より先に卒業できるわよ」

「確かに、今となっては、ぼんやりしていた私に火をつけてくれて、おかげで最短卒業とならずとも、早い卒業をクリアできたのも、彼女のおかげです。今や感謝ですね。ハハハ。しかし、最短はしくじりましたね」

## お詫びのメール

私はようやく諦めて川島先生にお詫びメールを書くことにした。
「川島先生
最終回の卒論指導のときに、『最短卒業がなります』とご報告しましたが、私の勘違いでした。

大学卒の最短資格要件は２年半と聞き及んでいたので、高卒の最短資格要件も４年半とすっかり思い込んでおりました、実際は４年とのことで、私の迂闊さで間違いをお伝えしてしまいました。誠に申し訳ございませんでした」

お返事は来なかった。

## 5　最終面接

### 過去は流れたはず

いよいよマンマに最終相談できるまでにたどり着いた。

「山田さん、いよいよ明日は面接試験ですね。よくここまで頑張ってこられましたね。面接試験は、指導教員がすでに卒論指導書にハンコを押してくださっているのですから、儀式みたいなものですからね、心配なさらずにね、緊張せずに自然体でね、これで最後ですから」

「マンマ、マンマ、本当にマンマのおかげです。マンマのおかげでここまでこられました。あのとき、私を湘南慶友会に引き込んでくださって、それからどんなことにもバックアップしてくださって、ご恩は一生忘れません」

「いえいえ、私にとっても会員が卒業していく姿を見ることが喜びなのですよ。本当におめでとうございます」

役員改選騒動も、もう2人の話題には上がらない。過去は流れた。そのはず。

## 女性の教授

いよいよ最終面接、決戦の日となった。

（このお気に入りのスーツ姿で行こう。前に、面接試験の待合室をのぞいたとき、その中にジーパンに汚いスニーカーの人が座っていたけれど、当落に直接関係なくても、感じがよくなかったわ）

当日、川島先生が1階の面接待合室に迎えに来てくれて、一緒にエレベーターで面接室に上がる。

「私とドイツ文学部部長の和泉かずこ先生が面接します。かずこ先生は優しい方ですから大丈夫ですよ」

私は内心で安堵する。

（優しい女性の教授なのね、よかった！）

面接室で待機している私のもとにがっしりした年配の男性が入室してきて、川島先生と挨拶を交わす。

（うん？　女性じゃなくて、おじさんなの？　かずこ先生じゃなくてかずと先生の聞き間違いだったの！　緊張していないつもりだったけれど、やはり上がっていたのかしら）

それでも勘違いしていたことなど、おくびにも出さずに、冷静なふりをして席に着く。

## 横道にずれて

スタートしてから数分ほど経った頃、かずと教授が注意してこられた。

「卒論指導教員を希望された経緯を長々と話されていて、思わず聞き入ってしまいましたが、本来は卒論のテーマを選ばれた動機をお聞きしたのですが、横道にずれていっているようですね」

「あ、申し訳ありませんでした。ではあらためて、本テーマを選んだ理由ですが、自分の生い立ちの環境から来るものでした。中国人の父を持ち、幼い頃は差別されるから、そのことは内緒にしておくように、と母から言い聞かせられていた私は、少女期にナチスやアウシュヴィッツに代表されるユダヤ人殲滅計画にショックを受けました。20世紀の文明国ドイツにおいて、それまで共存してきた普通の市民をユダヤ系ということだけで、あのような非道を行った、ということに、一大テーマではありますが、特に日本におけるフランクルのカリスマ化を通じて自分なりの考察を試みたいと望みました」

「それでは、フランクルとレーヴィとの違いはなんですか？」

「あ、はい、フランクルは、信仰を捨てず、信仰のもとではどのような極限状況でも人間的であることはあり得ると訴え、正しい信念を持った人間ほど最後まで崩れなかったとしたのに対し、レーヴィは信仰、神を捨てた絶望の中から人間とは、悪とかは何かを考察し、神から最も遠い狡猾な人間ほど生き残ったと結論するに至りました」

必死に答えながら、かずと教授を伺いみても、その苦々しくみえる表情は崩れないままだ。

## 文学は無力です

いくつかの質異応答が続いた後、壁時計をチラリと見あげた私は、もうすぐ終了だと内心安堵のため息をついた。その瞬間、自分でも思いがけない言葉が口から出ていった。

「文学は無力です」

かずと教授も川島准教授も一瞬フリーズしたように見えた。自分でも驚きながら私は声を絞り出した。

「どんなに、作者が魂を振り絞って訴えても、文学それ自体は戦争を、悪を止められません。社会に対して経済や法律のような直接的な力はありません。けれども、私は、私はこの慶應通信で文学に新たに向かいあえたことをとても、とてもよかったと思っています。これからも一生を通じてこのテーマを考え続けていきたいと思っています」

泣き落としとみられたくなくて湧き上がってくる涙を私は必死にこらえた。2人の面接官の気まずいような沈黙が永遠かと思えたとき、ついにかずと教授が口を開いた。

「あなたの卒論は引き込ませるように読ませるものがあったよ。それでは、ここで終了としましょう」

厳しい顔のまま立ち上がったかずと教授が、私が提出していた面接資料を持って手にとって退出していく姿に、私は深々と礼をした。

（よかった、テーブルに置いたままでなく持っていってくれた！）

## 惜別

川島准教授と2人きりになって気持ちが緩んだ私の目からハラハラと涙がこぼれた。

「川島先生、申し訳ありませんでした。失礼なことを口走ってしまって、和泉教授と川島先生を困惑させてしまいました」

「ふふふ、少し、この研究室フロアを見て行きますか」

「はい、ありがとうございます。もうこれで、川島先生の指導も受けられず、お会いすることもないのかと思うと悲しいです。指導教員と生徒と言う関係だけでなく人として向かい合ってくださった、文学の魂を交わし会えたと思える瞬間もありました。本当にありがとうございました」

川島先生の最後の優しさと、これで終わりかと惜別の思いに涙がまた湧き出た私だった。

卒業へ向かって飛びたつはずの今日、羽が折れたような気分で、とぼとぼと帰路につきながら、私は反芻する。

「あー、最初も最後も余計なことを言っちゃった。最後まで無難にいい子ぶりっこの優等生しておけば、板挟みで川島先生を困らせなかったのに。バカだなー、私って。あのモスクワ大学卒の高城さんは終始、和やかに最終面接を終えたと言っておられたなぁー。ま、マンマも面接試験は儀式みたいなものだと言っていたから、あれで落とすことはないだろうけれど。今日は開放感でいっぱいの日になるはずだったのに、なんか引きずるなー」

## いくつになっても

「最終面接試験」には何だか不完全燃焼の思いが残ったままであったが、ヒロが参加するアメリカ・シアトルのＡＯ学会へ同行することにした。きっとグレーな気分も吹っ切れるであろう。

その学会の会長は。日系のラッセル・ニシムラがつとめていた。ラッセルは、１９８９年にヒロがＵＣＬＡへ半年近く留学していたときのレジェデント仲間であった。日系ということで親近感のあった彼とは、チャイナタウンに行ったり、手づくりカレーを食べさせたりと仲良く過ごした。

その彼が、「Ｈｉｇｈ　Ｈｈｏｎｅｒ」最成績優秀者として写真入りでＵＣＬＡ歯科学舎の廊下に張り出されているのを見たときは我らが事のように誇らしく感じたものだ。あれから25年経って、彼が学会長をつとめる全米有数の歯科学会に参加できることに喜びを感じる。そのラッセルは、役員だけが参加できるパーティに役員でもない私たちを招待してくれた。友情は変わっていなかったが、奥様は別の方に変わっていた。

１９８９年、ヒロは青山の診療所を休院し、川崎の診療所は臨時の歯科医師に任せて半年近く留学した。私も六本木で営んでいたカラオケラウンジをスタッフだけに任せて出発した。私たちは「帰国したときは、どちらも両方とも潰れているかもね」と言い合った。その覚悟で留学したとき、ヒロは48歳であった。そのとき学んだ経験が、彼を80歳過ぎでも現役の歯科医であり、診療所経営者としても支えている。「人生百年生涯現役」という概念がない時代であった。この経験が私にも人間はいくつになっても学べる、その価値があることを感じさせていたともいえる。

# 第8章　慶應義塾大学表彰学生に選ばれて

## 1　表彰学生のお知らせ

### シアトルから帰国して

3月、シアトルから帰宅した私は慶應義塾大学からの封書を見つける。

「あ、来ている、来ている、慶應から封筒が。卒業認定のお知らせね」

「ついに卒業だね」

「あれ、貴殿は慶應義塾大学表彰学生に選ばれました、って書いてあるわ。うわー、私、文学部から表彰学生として選ばれたみたいだよー。えー、信じられない！」

「よかったね。早く、マンマに報告してあげたら」

### 他になんて書いてあるの？

「マンマ、あの、先ほど、アメリカから帰国して、2日前の消印でしたが、慶應義塾大学から卒業証明と、それから文学部の表彰学生として選ばれましたとのお知らせを受け取りました。びっくりしましたが、これもマンマや先輩たちのお陰です。ありがとうございました」

「それは、それは、素晴らしいわね。おめでとうございます。そのお知らせには他に何て書いてあるの？」

「貴殿は学業、卒業論文とも評価が高く、指導教員の推薦もあり慶應義塾大学表彰学生に選ばれました。なお、表彰学生には、慶應義塾大学表彰学生、学位受領代表学生、経済学部、法学部、文学部から約1名とあります」

「そう、他に何か金時計とかなんとかあるの？」

「いいえ、事務局に連絡するように、とかはありますが、もう、夜なので明日、連絡してみます」

「そうね、ほんとによかったわね。林田さんにも知らせてあげたら。彼女も喜んでくれるわよ」

「はい、マンマ、そうします」

## 1番いい賞ですね

翌朝、事務局へ電話をかけてみる。今まで学習相談で何度もかけていたが、今回は高揚感が混ざった不思議な感覚だ。

「あの、山田愛子と申します。慶應から表彰学生のお知らせが来ていたのですが、夫の学会の関係でシアトルへ行っており、昨夜帰宅しましたので、ご連絡が遅くなりました」

「ああ、山田愛子さんですね。おめでとうございます。1番いい賞ですね」

のっけから、ずばりと直球が食い込んできたようだった。

「1番いい賞？」

その言葉がずしんと胸の真ん中に響いた。

「1番いい賞って？　あの、文学部の？」

「慶應義塾大学表彰学生というのは、つまり金時計で、山田さんが選ばれたのですよ」

「えー、文学部じゃなくて、全部からの？　慶應義塾大学表彰学生というのは、全部の総称のタイトルではなくて、そういうものがあるのですか！」

「そうですよ。表彰学生の卒論は事務局で保存しますので、ご都合のいいときにご持参くださいね」

「わかりました。光栄です。本当にありがとうございました」

## 表彰学生＝金時計

言葉ではお礼を言ったのにもかかわらず、まだ半信半疑なまま、急いで私はマンマに報告する。

「マンマ、マンマ、私ですね、金時計だったそうです。文学部代表だけじゃなくて、２０１４年の総合代表だそうです。慶應義塾大学表彰学生はお知らせのタイトルではなくて、表彰学生そのもののことだったのです。私、金時計という言葉はもちろん知っていましたが、それが表彰学生のことイコール、とは全く気付かず、大変失礼をしました」

「まぁまぁ、凄いじゃない！　山田さん、本当におめでとう。今の『湘南慶友会』の皆さんも、大騒ぎになるでしょうね」

「本人が1番驚いています。思えば『地学』が8回連続で落ちてからのスタートでしたのに。それに指導教員の川島先生だって、最後の面接試験の際にも、その後にも全くなんの素振りも音沙汰もなかったのですから」

「面接試験のときは決定していなかったのかもしれませんね。それに迂闊なことは言えないでしょうから」

「そうですね。それでも、面接の後だってほのめかすことも、打診することも全くなかったのですよ。推薦してくださるって、ご自分の責任も伴うのに、チエックしなくて大丈夫だったのでしょうか。私のせいで教授になれないリスクもあるかもしれないのに。あ、川島先生にお礼のメールも出してなかった。今から書きます！」

## 慶應は懐が深い

やっと、実感が湧いてきた私はヒロにはしゃいでみせた。

「ランランラン、嬉しいな。よもや、私が慶應の金時計だなんてねー。狙ってもいなかったのにきちゃった」

ヒロの方は至極落ち着いた風だが、感にたえたように吐き出した。

「うーん、慶應は勇気があるなー」

「うーん、確かに」

「うーん、慶應は懐が深いなぁ」

「うーん、確かに。毎年、毎年、いかにもの優等生ばかりでなく、たまには『種の多様性』とかを考慮しているのかなー」

「そこまで色物のように考えなくても、よいのではないか。慶應にも自分にも失礼だろう。狙ってもいないのにきちゃったなんてカマトトもよしなさいよ」

確かに自虐的かもしれないが、自分の受賞はそうまでしなければ、風当たりがキツそうだと、漠然と感じた私の予感は早々と現実になった。

## 2　思わぬ反応

### 銀時計

卒業認定後、「湘南慶友会」へ金時計の報告のMLを出してから数日後、スマホが鳴った。1年前に卒業した佐藤先輩からだった。

「山田さん、金時計おめでとう」

「あ、佐藤さん、ありがとうございます。佐藤さんにも最初の頃、課題は違いましたが、レポート見せていただいておかげでレポートの書き方が学べました。また、文献や参考書を教えていただいたり、と随分お世話になりました」

「ふふふ、お互い様よ。あのね、去年の銀時計の小林さんのこと知っている?」

「直接、お会いしたことはないのですが、銀時計受賞の記念寄稿文を拝読しました。一度お目にかかりたいと思うほど、感動しました」

## ハンディキャップ

病院勤務の薬剤師だった小林さんは、ある日突然難病に倒れて、同じ病院でケアする側からケアされる側に回った。あと何年生きられるかわからないという状況に直面して、それならば「生と死」を見つめたいと慶應通信文学部の哲学部門へ車椅子で通うことにしたという方だ。

「外出も困難で単位を取りやすいスクーリングは必要最低限しか取らずに、レポートと試験でほとんどの単位を取られたとか書いてありました。私なんか最大限スクリーングで単位を稼ぎましたけれど」

「そういう単位取得テクニックも、ある種の能力だからいいのよ。でもね、彼女の銀時計って車椅子のハンディキャップのおかげだと思わない？」

その展開にショックを覚えながら、私は言葉を返した。

「思わない？　と言われても、私はその方と直接お会いしたこともないし。何より『死』がいつ来るかわからない、そういう状況で卒業なさったのって凄いですし、あの寄稿文の内容は崇高なほどで尊敬していますけれど」

「優秀な人は他にもいたと思うけれど。まあ、つまりは金時計とか銀時計とかいっても、その基準なんてあやふやなものよね」

「はぁ、そうでしょうね、私なんかが金時計いただくと、慶應大学の価値を落とすのかもしれませんね。モスクワ大卒の高城さんの金時計などは、誰からもブーイングが起きないでしょうけれど」

「山田さんの金時計は後輩に勇気を与えるから、いいのではない？」

「その点はそうかもしれません」

当初の高揚感の反動がきたように気分が落ちこんでいきながら、私は内心で抗弁する。

（それは、『地学』連続8回落ちスタートで、みんなにヘルプしてもらっていた私が金時計だなんて、不信感をもつ人たちがいるのはよく理解できるわ。本人自身が『私でいいのですか』と思っているのだから。だからといって、あの小林さんの銀時計の受賞はハンディキャップだから、お情けが加味しているのかしら、なんて邪推するのは許せないわ。私への当て付けだとしても。でも、私は何のハンディキャップのお情け？　高校卒資格で還暦過ぎの入学だったから？　あー、気分が悪くなった。せっかくの金時計に泥を塗られたみたい）

## オールA

投げ込まれた爆弾はこれだけでは済まなかった。また、違う先輩から電話がきた。

「山田さん、金時計おめでとう」

「あ、田中さんありがとうございます。お世話になりました」

「あなたに追い越されてしまったわね（笑）。ところでね、ある人が通信部長の原教授に今回の金時計について、『どうして、私ではダメなのですか』って直訴したそうよ」

「えー、どなたが、ですか」

「それは、言えないけれど。でもその人の成績、オールAだったらしいわ」

「あー、そうなのですね。私なんかオールAどころか、BもCもちらほらあるし、私がその人なら、そう言いたくなりますよね。その方の見当はつきますが、余裕の冗談で言われただけだと思いますよ」

## レベルの高い人

私は、心当たりのある、その人のことを思い浮かべた。スクーリングではいつも前の席に座っていた。一度も言葉を交わしたことはないけれど、田中先輩から噂は聞いていた。レポートでも試験でも「A」でなく「B」だったら、どうしようと怯えていたという。「B」でも「C」でもいいから、とにかく通りますようにと祈っていたような自分と違ってレベルの高い人もいるものだと印象に残っていたのだ。

「でもね、その人の卒論読んだ人の感想だとね、『それがどうした』って感じだったらしいけれどね」

「私はその方の卒論がどのようなものかわかりませんが、私も、金時計のあと、卒論読ませて欲しいと何人かからリクエストもらいました。それで郵送やメールで送ってあげたりしましたが、どなたもさすが素晴らしい、とか言ってこないですよ。勝手に回してもいるらしいですけれど、読後感どころか、送ってあげたお礼も寄越さない人も多いですよ。だから評価されていないのだなと自信がなくなりそうですけれど」

「ま、金時計の卒論なんてどんなもんかいなって興味で読みたいだけなのだろうから、仕方がない、のじゃないの」

「はぁ、そうですよねぇ」

## 運がよかったわねぇ

「以前、金時計の人が、受賞の後に事務局へ訴えられたこともあったそうなの。卒論のテーマを盗まれた、とかで同期の人に」

「はぁ、私はどなたのテーマも横取りしていませんけれど」

「まぁ、お金出してプロに書いてもらう人もいるからね」

「慶應は、そういうのは卒論制作過程や面接で見抜くのではないのですか。レポートは全部Aなのに、実際の試験はよくてCしか取れないという人がいるという噂話は笑話として聞いていました」

「ま、運がよかったわね。去年は法学部が金時計だったから今年は文学部の番だったのよね。経済学部と法学部、文学部では金時計選ぶって言っても比べようがないじゃない？　持ち回りのちょうどいいときに当たって、あなたラッキーだったわね」

## あそこは間違いませんから

電話が終わった後、またかと私は座り込んだ。誰もが唸るような秀才だとはもとより自分でも思ってもいない、それどころか自分などが金時計などとは申し訳ないとすら思っているのだったが、それでもあのよういやらしく言われることはないではないか！　そういうとき、駆け込むところはマンマのふところだ。何かあると、マンマに電話して、こんなだ、あんなだと甘えて泣きつきながら、悔しさが、何か甘美なものに変わっていくのを感じていたのだから。

「まぁまぁ、山田さんどなたかに侮辱されたなんて、そんなの、ハエが止まったくらい思っておけばいいわよ。気にしないの。それにね、あそこは間違いませんから」

「あそこって、慶應大学のことですか」

「そう、慶応を信じてあげてね。山田さんは、川島先生にもメールでハンディキャップの方のことを訴えて、そのお返事で、『いろいろ気苦労がおありのようですが、表彰は選考委員会で厳密に審査した結果でしたのでお気にされぬように』とありましたと、先日はすっきりされておられましたのに」

「そうでしたね。そうなのですけれど、勉強会で励まし合ったり、助けあったりした仲間だと思っていた人たちの立て続けの意地悪い反応に、落ち込んでしまいました。でも、あそこは間違わないのですね。これから表彰学生に恥じないよう、私を選んでくださった慶應義塾大学の名誉を汚さないようしっかりと生きていきます」

私は息を大きく吸い込んだ。

「マンマ、金時計はマンマのおかげです。役員会改選騒動のとき、『これは負け戦ですね。城を明け渡すのですね』と悔しがる私に『いいのよ、それで』とマンマは落ち着いておられました。マンマは立派です。あのとき、私は人間の大きさでマンマに完全に負けました。でも負けて嬉しかったです。この金時計はマンマに差し上げたいです」

**卑下していかねば**

ようやく金時計騒動が落ち着いたかと思った頃、また大先輩から追い討ちのような電話があった。

「ヤァ、山田さん、金時計だったそうだね。ハハ、おめでとう。私も、卒業のときはね、金時計は自分だろうと思っていたのだよ。でもね、その年は該当者なしだったのだよ。変だよねぇー」

「え、そうだったのですか？　該当者なし、なんて、そんなことってあるのでしょうか」

「なんか、金時計って、面白いよねー」

その該当者なしが本当かどうか、調べる気もなかったし、誰かにたずねたりもしなかった。嘘をいうような方ではないとも思っていたし、悪意も感じなかった。ただ、自分の金時計が祝福されるというより、快く思われていないか、何か馬鹿にされているという空気があることは又もや思い知らされた。

嫌味なことを直に言ってくる人の背後には、黙っているけれど面白くないと感じている人が少なからずいるのだろう、そう思わされた。それは金時計受賞者なのに成績がオールAタイプでないことが不満なのか、自分の人徳のなさが呼び起こすものなのか、これからは、金時計を表明することはもちろん、いや、卑下さえしていかねば自己顕示欲が強い、思いあがっているということになるのかと私は覚悟をした。

それより何より、自分を選んでくれた慶應義塾の評判を落としているのではないかという思いに胸がざわついた。

## 3　最後のML

### 人生の糧

私は湘南慶友会に最後のMLを出した。

林田元会長には、また誤解されるから沈黙している方が無難だと反対されたが、既に心は定まっていた。そもそも誤解とは何だろう。

「湘南慶友会の皆様、山田愛子です。

この度、慶應義塾大学通信教育課程の表彰学生に選ばれて卒業できることになりました。

思えば、カルチャー教室生涯教育の延長のような軽い気持ちで入学しましたが、そんな私を目覚めさせてくださったのは、この『湘南慶友会』の役員、会員の皆様のおかげです。最初のレポートは8回落ち続けましたが、そのときに、皆様から大変親切に指導していただけたことが、この通信を乗り切る原動力になりました。

また、スクーリングで出会った方々が安易だった自分の気持ちを真剣なものにと変えてくれました。

それは、車椅子で通っている方、手話通訳を同伴している方、地方から、あるいは海外から宿泊費、交通費を賄ってスクーリングや試験を受けに来られている方々、子育てや介護をしながらの方々、2学部、3学部を制覇されている方々、医師や弁護士、秋田国際大学などの大学教授、会社員、などなど忙しい中、時間を調整しながら学んでいる方々、また、通学生や大学院生の指導やご自分の研究もある中、記述式のレポートや試験の答案用紙に真剣に向かい合ってくださっている教員の先生たち、そして通信の濃い内容にもかかわらず破格の安い学費、本当に感銘を受けました。学問だけでなくすべて人生の糧になりました。

これから先、困難にあったとしてもこの通信生活を振り返ることで乗り越えるパワーが湧いてくることと思います。本当に慶應通信、そして『湘南慶友会』に出会えてよかったです。

これが最後のご挨拶になります。

本当にお世話になりました。またいつかお会いできる日を楽しみにしております。皆様お元気でお過ごしくださいますよう。ありがとうございました」

## 黙殺

続々と学友たちからお祝いメールが届いた。「湘南慶友会」の新しい会長からもＭＬで祝福のメッセージが届いた。もうこれで手打ちができたのだ、と私は思ったのだが、それは表向きの体裁だけだったと悟ったのは卒業後だった。

通常、「湘南慶友会」から金時計受賞者が出れば、それは「湘南慶友会」の功績でもあるので、記念講演会が開かれるのだが、私には一切声がかからなかった。

自分が、モスクワ大学卒の高城さんの金時計講演会を聞いて、どれほどエネルギーをもらったか、を思えば、そしてスーパーな高城さんだけではない、私のような亀のように愚直な人間でも認めてもらえる可能性があるということ、慶応義塾大学はそういう多様な価値観をもつ大学であるということを、声がかかれば私は後輩のために喜んで伝えていけたであろうが。

さらに、卒業式でも黙殺されたような出来事があった。

「湘南慶友会」執行部の役員２人が廊下の向こうから歩いてくるのを見て私は挨拶の心構えをしたが、彼女たちは私と出会いそうになる直前に避けるようにサッとＵターンして横の廊下へ去って行った。

私が「湘南慶友会」に入りたての頃、バリバリの先輩役員の彼女たちはずいぶんお世話してくださったものだ。それなのに、と緩めようとした目と口元が固まったまま、そんなに嫌われているのかと、付き添ってくれている林田元会長と顔を見合わせた。

### 最前列に導かれて

それでも、私が案内されたところは、「成績優秀者」と札が立っている会場の最前列だった。

そこは、慶應義塾大学の各学部、そして、医学部、看護医療学部、薬学部、通信課程の表彰学生の席だ。もう、先ほどのざらつくような不快な出来事など、どうでもよい、あの人たちは、お祝いの言葉ひとつかけることもできずに私と正面から向かい合うことから逃げたのだ。けれども私はここに、ここ、晴れの最前列に招かれているのだ。真正面の塾長や教員、評議員たちが並んでいる壇上を見上げるように私は一段と背筋を伸ばした。

## 4　招待されたものの

### 名誉の先輩

卒業後数年経ったとき、「湘南慶友会」からMLが来た。

その当時の会長名で「『湘南慶友会四十周年記念会』に、会の名誉を高めてくださった先輩をゲストとして招待させていただきたい」と、あった。

「湘南慶友会」との縁は切れたものと割り切っていたつもりだったが、敬意をもって迎えてくれようとしているのに、意地をはって無視するというのは器が小さいことだと私は出席する決心をした。

## 困惑する学友

指定された時間より、すこし遅れて慶應大学御用達の居酒屋に足を踏み入れた瞬間、「湘南慶友会」のメンバーたちが一切に私を見て驚いた顔をした。それまでの入り口まで聞こえていたガヤガヤした談笑がやんだほどだった。私を招待した会長は慌てた様子で、目礼をしたきり「どうぞ」という素振りで席を譲り、そのままあちらに行ってしまった。ぽっかり空いた席に座った私に、周りのメンバーたちは気まずそうに黙っている。向こうまで見回すと目礼をしてくれる女性もいたが、ほとんどは私と目を合わせようとしない。

周りのメンバーたちも苦楽を共にした学友たちであったが、私に親しくしていいのか、まずいのか困惑気味だ。そんな中、屈託のない様子で話しかけてきたのが、あの女性、私とママ塾生に「先生たちと飲みにいかないから、あなたたちは嫌われるのよ」「速い卒業を望むのは、慶應精神に反しているわよ」と言い放った女性だった。ストレートではあるが「慶應精神には反していない人なのだ」と見直した。

その女性が他の席に移ってしまってから私の周りには、あの会長をはじめ、誰も寄り付いてこない。私など存在しないという雰囲気で周りは仲良さげに談笑している。

なんだ、いまだ、こんな雰囲気なのか、結局受け入れられていないのだな、それならなぜ招待などしたのだろう、と私は憮然とした想いを噛みしめた。懐かしがられもせず、歓迎もされない自分とは、何か気づかないだけの唯我独尊女王なのだろうか。早々と逃げ出すまいと小一時間ほどじっとしていて、私は静かに立ち上がって居酒屋を後にした。

## 5　栄冠は君に輝く

### 高校野球の大会歌

「湘南慶友会」のMLに最後の投稿後しばらくしてマンマから小包が届いた。

「見て、見てこの手紙！　マンマが『ちょうど、春の高校野球が始まりました。大会歌『栄冠は君に輝く』のCDカバーをコピーしたものを山田さんに贈ります』と、あるわ。マンマはなんて優しいの。本当に嬉しいわ。私、金時計を素直に受け取って素直に喜んでいいのね」

「そうだよ、Aの数だけで選んでいるわけじゃないのだよ、慶應は。東京大学だったなら、成績主体によるだろうから、Aの数が多いほうが首席卒業だろうけれど。首席と表彰とでは、意味が違うのだよ。あなたの卒論は格調高かったよ。オリジナリティがあったし」

「ありがとう。やっと、褒めてくれたのね。卒論は最初、卒業要件のためにしぶしぶ書き始めただけだったのに、それが、途中から自分が書いていくというより作家たちの魂の声がグングン導いてくれたの。それにしてもまさかよね。でも、『栄冠は君に輝く』かぁ、真摯に努力して、運も味方になって頂点に選ばれたものなら、10代の球児にも64歳のビリ婆ルにも『栄冠は君に輝く』ものなのね」

マンマに泣き言を言っていた間も、悪意にかき回された心の表面が波立っていただけで、心の底では選ばれた誇りと自分への揺るぎない信頼を持っていたのだろう。やっと、それが表面に浮かび上がってきて自覚することができたのだから。私は『栄冠は君に輝く』を額装して部屋に飾った。

## 慶応通信機関紙『三色旗』への原稿依頼

卒業後に通信事務局から電話があった。慶応通信の機関紙である『三色旗』への原稿依頼であった。慶應義塾大学表彰学生、または何か話題にしたい塾員を『三色旗』に掲載するのは、ならわしだったとしても、自分ごととしてはピンときていなかった。まさか、この八百号近い伝統ある『三色旗』に掲載の要望を受けるなど、この隔月紙を4年半以上愛読してきたが、想像したこともなかった。大変光栄なことだと有り難くお受けした。

しかも、この掲載料として後日、振り込みがあったのだ。学費やスクーリング費用など慶應義塾大学側に払い込むことが当たり前だったので、多額とはいえなくとも慶應義塾大学の側からお金をいただけたことに不思議な感動を覚えた。

また、慶応通信の入学案内書に「卒業生からのメッセージ」として、写真入りで掲載されることにもなった。私は「慶應義塾通信が培うもの」というテーマを寄せたが、入学前に自分も取り寄せ、その内容から感じた前途多難さにため息をついたこの案内書に、まさかのちに、自分が掲載されることなど、そのときは想像することさえなかった。人生はミラクルだ。

# 6　三色旗　卒業論文の要約と講評

慶應義塾大学文学部第三類
山田　愛子

### (1)　本論文の目的

『夜と霧』は、ナチス強制収容所での極限状況をも乗り越える人間精神の強さを示したヴィクトール・E・フランクルの代表作であるばかりか、ホロコースト文学の代名詞ともなっている。しかし、ホロコーストを乗り越えたシンボルとしてフランクルがカリスマ化され、安易に肯定的人生論に引用されることに対する違和感があり、それが本論文の出発点となった。加えて、全てを受容するフランクルの姿勢が最終的な結論であれば、ホロコーストをめぐる怒りや悲嘆を告白した「文学」の存在意義はあるのかという問いもあった。精神性の高さによってあれほどの不条理さえ乗り越えたフランクルが、苦難の中にいる人々を勇気づけることに疑いの余地はない。しかし抵抗できなかった子供達や、人間を信頼したあげく犠牲になった人々、またフランクルと異なり信仰に拠り所をもたない、または失った者たちは敗北者として総括されてよいのだろうか。このような懐疑を抱きつつ、本論文は、フランクル以外のホロコースト作家達が文学に込めた魂の声に耳を傾けようと試みたものである。

### (2) ホロコーストのカリスマ、フランクルの光と影

フランクルは、日本での圧倒的な人気に比べ、生地オーストリア及び他の欧州各地では複雑な受け止め方をされていることが参考資料から判明した。ユダヤ人を迫害したナチスをドイツ人というだけで一括に非難しないというフランクルの信念が、ナチスを擁護していると非難されたからである。そのフランクルが、なぜ日本ではこれほど無批判に支持されるのか、霜山徳爾訳の『夜と霧』と池田香代子訳の『新・夜と霧』の新旧訳において比較考察した。その結果、日本独特の事情から、商業的要因もからんで、そのカリスマ化が進行していった経緯がみえてきた。さらに、フランクルの精神療法についての著作群、なかでも『それでも人生にイエスと言う』における、「生きる過程こそが人生である」という肯定的メッセージが実際の臨床現場に活かされていることが確認できた。

### (3) 他のホロコースト作家たち

心理療法の学術論文や一般向けの人生論などさまざまなシーンに引用されるフランクルに比べ、日本ではあまり知られていないホロコースト作家たちがいる。『生きつづける』で主に女性としての視点から体験を問い続けたルート・クリューガー、『夜』において信仰と不信仰との狭間で懊悩したエリ・ヴィーゼル、『アウステルリッツ』で、ナチスが与えた傷あとの深さを示し、独自の視点からナチスの悪を描き出すナチス後世代のＷ・Ｇ・ゼーバルトなどである。これらの作家の作品のほか、本論文で特に重点的に取りあげたのは、収容所体験の記録者としてだけでなく純然たる創

作作家として成功し、名声を得ていたにもかかわらず、解放後四二年たって自死したプリーモ・レーヴィである。化学者であり、文学者であったレーヴィは美と醜が表裏一体となった作品群で、人間を人間以下のものにおきかえようとするものをブラックユーモアで偽装し、死者と生者、倫理と絶対悪との閾をまたぐものを描いた。

### (4) フランクルとレーヴィたちの比較

フランクルはアウシュヴィッツのような局面でも、精神の自由だけは失われないとして人々に人間性への信頼と希望を与えた。しかし、フランクルが、二年七ケ月の収容期間のうち、実際にアウシュヴィッツ絶滅収容所へ収容されていたのは、三日ないしは四日間であった。また、フランクルの母語はドイツ語であり、医師として働ける期間も長かったため、自身のアイデンティティーを保つことができた。それに対してクリューガーは収容時、十歳の少女であった。ハンガリー出身のヴィーゼルは一五歳の少年、ユダヤ系イタリア人のレーヴィは二四歳の若者であり、監視役のドイツ人やポーランド人の言葉がわからなかった。フランクルは、強い信仰心と、医師としての持論から収容所を生き延びたのは高い精神性をもっていた者であるとみた。逆にレーヴィは、良心がなく、狡知にたけた者こそ生き残ったとみた。しかし、社会はそれほど単純でなく、人間の心の中にも敵と味方、良心と保身とに単純に二分化することができない領域が存在する。レーヴィはそれを「灰色の領域」とよんだ。

## (5) 最後に

信仰と無信仰という点で対照的にみえたフランクルとレーヴィであるが、両者に通底するものもみえてきた。それは「善き人は帰ってこなかった」という言葉に集約される。安定した航海（平和）はフランクルが象徴する希望の帆と、レーヴィ等が訴える倫理が顧みられなかったことへの訴えという底荷のバランスがあってこそ成り立つはずである。しかし、現状は希望の帆だけがふくらみ底荷が軽いのではないだろうか。希望のみならず、「灰色の領域」のなかで赦しと忘却に抗うという二極のバランスをとるためにも、戦争の悪は重層的に記録されるべきである。「文学」の存在価値はそこにこそあることを本論文の結論とした。

そして、川島准教授（現在は教授）は、『三色旗』に掲載された私の卒業論文紹介に講評を書いてくださった。

この要約は通信事務局から3千字ほどとの要請を受けたのであるが、自分の筆力が足りず、なんだか粗筋を述べただけのようものになったのではと忸怩たる思いであった。それでも著作『フランクル（夜と霧）への旅』を参考文献にさせていただいた朝日新聞の河原理子氏へ送付させていただいた。深くフランクルを敬愛されている河原氏に、フランクルをある意味批判的に述べた論文と要約は失礼かもと懸念もあったが、河原氏は「フランクルはそのように受け取られることもあるのですね。でも素晴らしい論文ですよ」と堂々と受け止めてくださった。また、川島先生の講評についても「素晴らしい講評ですね。いつかお話してみたいです」と寄せてくださった。

# 作家論からテーマ研究へ
## 山田愛子君卒業論文講評

川島　建太郎
慶應義塾大学文学部准教授（現在は教授）
独文学専攻

近年、ドイツ語圏の大学の文学部では、特に修士論文や博士論文レヴェルになると、一人の作家についての研究では高い評価を得られなくなってきている。つまり、例えばゲーテ論とかリルケ論などでは、内容上特別なオリジナルティーが備わっている場合をのぞいて、不十分であるとみなされるのである。そのような作家論はもうさんざん書かれてきているということがまずあるが、それだけではない。19世紀以来の文学研究が無批判に前提としていた「作者」という審級の自明性が、1960年代以降、ロラン・バルト「作家の死」やミシェル・フーコー「作者とは何か」などの影響のもと、崩れた。今日ではその結果、文学研究は、個々の作家の研究ではなく。ディスクール分析、メディア論、文化学などの一部として再編されるか、あるいは複数の作家の作品を比較的に論考するテーマ研究などのかたちをとる傾向を強めているのである。

山田君の卒論は、ホロコースト文学というテーマをかかげて五人の作家を比較した論考である。ここでは、日本のホロコースト文学受容はフランクルの『夜と霧』に極端に偏向していることが指摘された後、ナチスの強制収容所を経験したプリモ・レーヴィやエリ・ヴィーゼルのような有名作家や、日本ではまだほとんど知られていないルート・クリューガーやW・G・ゼーバルトのホロコースト関連作品が論じられてゆく。同一テーマを扱った、複数の作家の類似性と差異性を観察することにより、山田君は、フランクルの安易な「カリスマ化」から批判的な距離を保つことに成功している。

この論文の魅力の一つは、考察対象として取りあげられている作家たちが変化に富んでいることにある。フランクル、クリューガー、ゼーバルトはドイツ語、レーヴィはイタリア語、ヴィーゼルはフランス語、英語で書く作家である。五人の作家を論じるという単純に量的な問題もさることながら、このように異なる文化圏の作家たちを比較文学的手法によって分析するのは、一人の作家を論じるよりずっと骨の折れる作業である。そのような労を厭わなかったがゆえに山田君は、ホロコースト文学の一面的な理解を乗り越えて、客観性を備えた考察を行うことができた。そのように、学術論文に不可欠な普遍妥当性を確実に担保した上で、山田君はその論文の行間に、ホロコーストという未曾有のカタストロフフィーに対して文学には何ができたのか、という切実な問いを響きわたらせている。

『三色旗』Ｎｏ７９６号　２０１４年10月

川島先生の講評は、あの卒論は感想文の延長に過ぎないのではないか、周囲から金時計に相応しくないと思われているのではないかとの私の懸念も汲み取って、そしてすべて払拭してくださった。そしてそれ以上に、この講評の最後にあった美しい文章は、いつまでも私の胸に鳴り響いている。

# 7　卒業して

## 人生のピーク

後に、ヒロの友人たちが金時計のお祝いの会を開いてくれたことがあった。そのとき、親しい友人が祝辞を述べてくれた。

「私の知る限り、金時計の方はそれをとった時点が人生のピークで、あとはパッとしません」

私も苦笑しながら「64歳で人生のピークを迎えたのは、早すぎるとは思いませんが、これからゆるゆると下山いたします」と答えた。

その余裕も、法学部と経済学部の2学部制覇の杉先輩から贈られたお祝いの句から与えていただいていた。

「登りきて　なお登る山　花ありき」

金時計をいただいたまま。その後の人生を逃げ切ろうともくろんでいたこともあったが、また自分の花を求めていこう。さぁ、次の目標は何ですか。自分に問いかけた私だった。

また、付記として卒業論文も最後に添えました。私も各学部の先輩から卒論をお借りして「あとがき」を含め「組み立て方」をぶことができました。

ご縁がありまして読んでいただけましたら深く感謝申し上げる次第です。

# 付記　卒業論文

# 『夜と霧』におけるフランクルのカリスマ化を巡る考察
## ―クリューガー、ヴィーゼル、ゼーバルト、レーヴィとの対比において―

### 序章

『夜と霧』はナチスの強制収容所での極限的な状況をも乗り越える人間精神の強さを示すフランクルの代表作であり、ホロコースト文学の代名詞ともなっている。しかし第二次世界大戦終結およびナチス政権崩壊から半世紀以上経ち、21世紀に至った現在、ドイツやイスラエルなど当事国以外ではホロコーストの惨禍ですら風化が避けられないかもしれない。だが現在もこの『夜と霧』を筆頭に〈苦悩の先に光がある〉をテーゼとするフランクルの著作群は肯定的人生論として、ことに日本では人気が高い。けれども、未来志向の肯定論だけではナチスにより不条理な死に追いやられた犠牲者は済んだことと整理されてしまうのではないかという無念が残る。またフランクルと異なり、収容所体験によって信仰を失った者は結局神の試練を乗り越えられなかった落伍者なのかという疑問も存在する。どちらにしろ、歴史はナチスが象徴した人間悪は人類に付随する必然的な側面であるという苦い現実を証明しているようにみえる。フランクルの作品群はこの袋小路のような現実にある救いを感じさせるゆえ、人々に求められるのかもしれない。

しかし反面において、ホロコースト体験の証人として、希望の伝導師としてのシンボルとなったフランクルのカリスマ化はナチスの絶対悪を相対的に希薄化させはしないだろうか。なぜならフランクルの絶対的な信仰心による肯定的人生観は、ナチス的な絶対悪さえ人間の強さをひきたてる舞台装置か背景にしてしまう可能性があるからである。またそれだけでなく、もしフランクルの著作群だけでホロコーストが総括できるのであるならば、〈文学〉の出番はなくなるのではないか。それこそ、深く根ざした信仰心がすべての不条理さえ超克できるのであれば『聖書』一冊をきわめていけばよいであろう。生きた人間をガス室に送り込む圧倒的な〈悪〉を前にしても「もはやこの世には神よりほかに恐れるものはない[(1)]」と断ずることのできるフランクルの前では、いよいよ〈文学〉は無力にみえる。かつ、生き残ったにせよトラウマから立ち直れず、それまでの信仰に疑問をもつようになったものや自死した人間は〈神を失った哀れなヒト〉として、二重に貶められはしないだろうか。

その圧倒的なロングセラーが示すフランクルの人気に比べ、日本ではあまり知られていないホロコースト作家たちがいる。同じようにアウシュヴィッツの証人としての使命に生き、文学者としても成功したエリ・ヴィーゼルやプリーモ・レーヴィである。そして女性としての視点に特色のあるルート・クリューガー、または直接的な収容所体験者ではないが、ナチスの罪業とそれが与えた傷あとの深さを示すナチス後世代のW・G・ゼーバルトなどである。

92歳の天寿をまっとうしたフランクルは、精神医学者として極限状況における人間の行動心理の論文や哲学の著作は多く著したが、いわゆる文学作品といえるものは著さなかった。いっぽう、アウシュヴィッツ体験を語り伝えつつ美しくも残酷な寓意に充ちた文学作品を書いたレーヴィは強制収容所から解放されて42年後に自死した。レーヴィがフランクルのように生をまっとうしなかったのは、信仰に拠り所をもたず人間性の高みに達し得なかったからであるのか、また、信仰と無信仰の狭間に懊悩するヴィーゼルや文学作品をもって訴え続けたレーヴィの死は〈ただの文学〉の敗北なのであろうか。

本論文では、「精神医学者であるだけにとどまらず、哲学者であり広い意味での教育者(2)」であったフランクルと、あまりに文学的な、つまり怒りがほとばしり、苦渋が滲み、そして美と醜が表裏一体となった作品を残したレーヴィおよび人間の弱さも見据えた他のホロコースト作家たちを対比しながら考察する。

# 第1章　ホロコーストのカリスマ、V・E・フランクル

## 第1節　ヴィクトル・E・フランクルの光と影

フランクルは解放された後、強制収容所の体験をもとにした「生きる意味＝ロゴセラピー」を提唱し、世界の209の大学で講義し28の名誉博士号を受け、その著作群は世界的ベストセラーになっている。フランクルは1905年に生まれ1997年にその生涯を終えるまで、20世紀という時代

をほぼまるまる生きたことになる。フランクルの死に臨んでウィーンの新聞『プレッセ』は「ウィーンの人であり、世界市民だった人の死について」というタイトルの長文の評伝を掲載した[3]。その内容はフランクルの業績を称えるとともにフランクルが受けた拒絶反応についても言及されていた。フランクルはウィーンの名誉市民であったが、戦後ドイツ人の集団的罪化を否定したことから冷ややかな反感を持たれる面もあり、フランクルの家のドアにはハーケンクロイツ（ナチスの鉤十字のマーク）が一度ならず書かれたのであった[4]。

しかしフランクルはナチスを擁護していると誤解されても、人種や宗教によって人間をひとつの集団に帰すことはナチスと同じ思考であり、同じ過ちを犯すことにつながるとの立場にたち、人間の一回性と唯一性への信念を曲げなかった。なにより「国境、宗教、人間のさまざまな『分け目』を超えて生きようとした[5]」フランクルが再婚した妻エリーは、同じユダヤ教徒ではなくカトリック教徒であった。けれども2人の絆は終生揺らぐことはなかった。こうしてエリーいわく、ひと言で彼を言い表すなら「誠実な医師[6]」として生きたフランクルは今もわれわれに人間への信頼を伝えてくれる。

## 第2節　読み継がれる『夜と霧』

ホロコースト文学といえば、まずフランクルの『夜と霧』があげられ、この書が彼を〈アウシュヴィッツの囚人〉のカリスマとした。『夜と霧』の原題は、『一心理学者の強制収容所体験』であり、この『夜と霧』という日本での題名は夜陰に乗じ霧に紛れてヒットラー体制に反する人々を連れ出し消し去った恐怖を比喩したものである。これはフランクルが強制収容所から開放された翌年の1946年オーストリアのウィーンで出版され、初版3000部で早々と絶版になっていたが、アルゼンチンに続いて日本で訳され、そしてアメリカ合衆国でベストセラーになりウィーンに逆上陸する形になった。そうして『夜と霧』は17カ国語に翻訳され、数十年以上に渡って読み継がれている。20世紀内の英語版だけでも累計900万部に及び、1991年のアメリカ国会図書館の調査で「私の人生に最も影響を与えた本」のベストテンに入った。なかでもユダヤ人とは直接関係の少ない日本で半世紀以上も累計100万部を超えるロングセラーでありつづけて、現在に至るまでフランクルの日本での人気が高いことは興味深い。

さらに2011年の3月11日の東日本大震災以後の近年、一段とフランクルの『夜と霧』が脚光を浴びている。NHKのEテレで「100分de名著」に取りあげられた後などは書店でその本が平積みにされている。そして池田香代子による『新訳・夜と霧』が版を重ねている。この現象はあれほどの極限状況の中でも人間精神の高貴さと善意が失われなかったことに人々が勇気づけられ、人生の指針として具体的に応用できるからであろう。

『夜と霧』が日本に紹介され始めた頃、饗庭孝男は『夜と霧』にふれて「この世の地獄のなかで生きる希望を失わず、精神の内面性をたかくかかげたもののみがよく生きうることを立証[7]」し、「この世において、一見、もっとも弱く見えるものがもっとも強いということをこの書は啓示してくれた[8]」と感動を述べている。また、堀田善衛は「夜と霧　日々の死の中で」において「彼はその課せられた苦悩を、自己の主体によって、自己のものとして所有してしまっているゆえに加害者はすでに被害者によって完全に克服されてしまっている[9]」と分析している。堀田はこの言葉を、「ゲーテとシラーの町である、あの美しいワイマール市の、すぐの郊外にあったブッヒェンワルト強制収容所[10]」を訪問したあとで記した。堀田は美と正義のシンボルの聖地の傍らに強制収容所を建てるというナチスの倒錯した価値観に戦慄を覚えるよりフランクルに希望を見出している。これら饗庭や堀田にみられるように戦後日本の知識人たちはフランクルの『夜と霧』に素直に感動している。このことは日本にも同時期に存在した戦前・戦中の抑圧時代のあと、フランクルがもつ人間肯定の明るい姿勢が、戦後の蘇生の気分と合い通じるものがあったからと思われる。

## 第3節　霜山徳爾訳と池田香代子訳の『新旧・夜と霧』の比較

このようにフランクルの日本での人気は高く、その言説は当事国でお膝元のオーストリアやドイツより屈折なく素直に受け取られている。それはなにゆえであるのだろうか。

２００２年初版の池田香代子訳『夜と霧・新版』の読後感は不思議に明るくさわやかである。振り返って１９５６年初版の霜山徳爾訳『夜と霧』は、その陰惨きわまりない内容で読むものを震撼させた。ところが『夜と霧・新版』からは、それほど禍々しいものを放っていた〈絶対悪〉は感じられない。しかしなぜ、新訳と旧訳とでこれほど受ける印象が異なるのであろうか。具体的な相違としては池田香代子訳からは霜山徳爾訳にあった夥しく積み上げられた死体や眼鏡や義足の山などの凄惨な写真が排除されている。そして、写真だけでなくフランクルの著述に先立って読者に予備知識として提供された解説も削除されている。この解説部分ではナチスが強制収容所で行った悪魔的所行のかずかずが、2段組みで67頁にも及んでおり、フランクルの本文の方は一段の130頁で文字の書体も大きく、実質の濃さとボリュームにおいて解説と本文は、どちらが主なのかわからないほどである。

実は読者が戦慄したものはこの〈旧・霜山徳爾訳〉に収録されていた収容所の虐待・虐殺のおぞましい具体例なのではないだろうか。この旧訳版は「ナチの強制収容所に一家ひとくるみ囚えられ、両親妻子ことごとくガスかまどで殺されつつ、己れ一人奇跡的生還をした凄絶きわみない体験記」と全国紙に広告掲載されている[(11)]。しかしこのときのフランクルと最初の妻との間には子どもは存在していなかったし、父親は病死であり妻は解放後の衰弱死であったなど実際の事実と少々ちがうセンセーショナルな売り方をされていた。これはもともとフランクルの意図したものではなかったが、結果としてよりその悲劇性は強調され、極限の地獄から精神的に甦る至高のイメージはフランクルを絶滅収容所のカリスマとして読者の心に刻んだ。

ひるがえって、新訳が2002年に出ることになったのは「今この本を若い人に読んでもらいたい、という編集者の熱意[(12)]」に池田香代子が心を動かされたからである。また、フランクル自身が1947年の旧版を1977年に改訂しており、その間イスラエル建国をはじめ中東戦争などユダヤ世界に限らず東西の冷戦など世界情勢は大変動していた。ゆえにフランクルの心境も、強制収容所やユダヤ民族に限定された悲劇だけではなく、人類そのものの普遍的な悲劇として提示する方向性が強まったのであろう。

そのような経緯もあり、たしかに旧版の霜山徳爾訳は現代の若者にはなじみにくく感じるかもしれない。池田香代子も新訳を打診されたとき、「今回読み直して、霜山徳爾先生の訳はすばらしいと改めて思った。ただ、今の高校生には少し難しいかもしれない」とみすず書房の編集部長・守田省吾に語っている(13)。

いくら〈読むべき名著〉といっても、実際に読み継がれないのではなんとも本末転倒になる。〈わかりやすさ〉を基準にさまざまな矛盾を簡単に裁く、あるいは捌くことが現代の要請であるのかもしれない。新版のあとがきとして、旧訳者の霜山徳爾は旧版のあとがきにはなかった痛烈な言葉を加えている。

このような超国家主義の悲劇は、周知のように本邦にも存在し、多くの死と不幸を人々にもたらした。軍閥は相克しつつ堕落し、良識ある国民、特に知識階級に対しては、国家神道の強制、および治安維持法による（ナチスに負けない）残忍な逮捕、無期限な留置、拷問、懲役、で「転向」を強制するのであった。戦争の末期に至るや、『特攻』作戦と称して強制的な命令によって、あらゆる中古機、練習機、古い水上機械などを主として、これを爆装して、陸海軍合わせてなんと七千名の少年兵出身で、やっと操縦できる程度の煉度の低いパイロットをのせて、いわゆる、「神風」の体当たり作戦に投じ、ほとんど全滅であった。この無法な作戦の上奏に対して、天皇が許可しなければそれまでであった。しかし彼は黙認してしまった。私は未だに血の逆流する想いが断ちきれない(14)。

それこそこの激情的ともいえる文章に触れると、まだ戦争の傷跡が生々しい1956年の初版の時に書かれたものか、と思わず錯覚しそうである。しかし、これは旧版の後書きでなく新版に寄せたものであり、ときすでに戦後46年経ち霜山徳爾は齢83歳であった。

そして霜山徳爾は一転して、新版の訳者、池田香代子に「新訳者の平和な時代に生きてきた優しい心は、流麗な文章になるであろう(15)」とやわらかい調子で語りかける。だが、アウシュヴィッツの記録文学に〈流麗な文章〉とはなんと似つかわしくない言葉ではなかろうか。霜山徳爾は旧版のあとがきには「それはまだ生々しい現代史の断面であり、政治や戦争の病誌である。この病誌はまた別の形で繰り返されないと誰がいえよう。もしわれわれが蛇と闘わないならば…(16)」と意味深い余韻をもたせている。しかし結局池田香代子の新訳の後書きの最後では「本書がさらにまた読みつがれるように、心から一路平安を祈るものである(17)」と平凡にまとめている。ここに霜山徳爾のある諦念と妥協をみることができるものである。

かくして欧州より遠く離れた日本で、ナチス収容所の実態を付録させた『夜と霧』は、その地獄図と、それを克服するフランクルとの図式で提示された。その衝撃と落差の大きさはよりフランクルを再生のカリスマにしたといえるのではないだろうか。

## 第4節　『それでも人生にイエスと言う』

『夜と霧』に続いてひろく読者に受け入れられているのが、フランクルがウィーンの市民大学で行った3つの連続講演 "…Trotzdem Ja zum Leben sagen[(18)]" をまとめた『それでも人生にイエスと言う』である。

『それでも人生にイエスと言う』という題名は、大変に印象的である。この力強い絶対肯定の宣言は苦難を避けられない人間の根幹を支える応援メッセージのように響く。もちろん、強制収容所の地獄を経験したフランクルはただ単に安易な楽観主義者ではありえない。しかし、たとえどのような醜悪な現実をつきつけられてもニヒリズムや懐疑主義に逃げ込まず、〈生きる意味〉を見いだす過程自体が〈生きる意味〉であると説くことに価値がある。

このメッセ—ジはさまざまな苦難の過程にいるひとびとを勇気づける。だが、フランクルは心の根底に強い信仰心をもつ故か、その視座は「神」のおられる上方にばかり向いているのではないだろうか。フランクルは言う。

ある古い神話は、世界の正否は、その時代に本当に正しい人間が36人いるかどうかに懸っていると言いきっています。たった36人です。消えてしまいそうなぐらい少ない人数です。それでも、全世界が道徳的になりたつことが保障されるのです[19]。

しかしその義人36人で抹殺された600万人、一説には1000万人を超えるといわれるユダヤ人、いわゆるジプシー（ロマ）、身体的、精神的障害者の受難は購えるのであろうか。36人対600万人という数字上の比較だけでなく、道徳的にもなりたたないとはいえないであろうか。なぜなら、射殺、絞首刑、生体実験、そして殺虫剤であるツィクロンBで殺戮された赤子、子ども、男や女には、それらに値する罪など絶無であったからである。

思うにフランクルが示す人間精神の高貴さを証明する事例は、真逆に存在する人間の醜悪さに比べてあまりにもささやかにみえる。たとえばフランクルは収容所の所長カール・ホフマンがポケットマネーで囚人たちのために薬を調達していたことを、立場を超えた人間性の善の証明としてあげている。

しかしその収容所ではなくとも、他の収容所では普通のドイツ人がユダヤ人の幼児たちを〈処理〉していた。エリ・ヴィーゼルはトラックの中から幼児たちが生きたまま炎の燃え立つ穴に放りこまれたことを目撃している[20]。囚われ人に薬を調達する〈思いやり〉がある所長であれば、収容所で繰り広げられていた非道をどのような手段を使っても連合国側に知らせる方法をとるべきだったとも思うのは、平和時の安全地帯にいる人間の〈思いやり〉に欠けている感想であろうか。また「敗戦がみえていたから、ホフマンはユダヤ人に親切にしたのではないでしょうか。よい人は収容所長にまでなりませんから[21]」と述べるドイツ人もいる。事実、ホフマンのささやかな善行はアリバイつくりとみられる面もあり、ナチスの敗戦後、SSとして逮捕された後は元囚人に自分が親切であったという手紙を書いてほしいと懇願していた[22]。また、人間性の証明としてよく引用されるものに、配給のパンがなくなったとき「彼らの仲間うちで盗みがあるかもしれないという、頭のなかだけの単なる可能性よりも、友愛精神の方が強いことが証明された[23]」という場面がある。そして「人間というものは、もし飢えになにか意味がありさえするなら、きっとまた進んで飢えを忍ぶものだと私は身をもって経験したからです[24]」というフランクルの自信に読者は感銘を受ける。

しかしエリ・ヴィーゼルの描く肉親同士で殺しあってパンを奪い合う世界を示されると読者は困惑することになる。エリが描く世界はそれこそ地獄の黙示録である。

ある日、私たちが停車していたとき、ひとりの労働者が雑嚢から一片のパンをとりだし、それを貨車のなかに投げ込んだ。みながとびかかった。何十人もの飢えた者が幾片かのパン屑のために殺しあった。ドイツ人労働者たちはこの光景をいたく面白がった[25]。

餓鬼そのものになって、殺した父の体を探ってパン切れをむさぼる息子は、父の死をもう気にもかけないのである。ここにエリの描く場面にはフランクルのいう義人もおらず友愛精神も存在しない。ただあるのはここまで人間を追い込んだ同じ人間の残虐さと、そして動物以下に追い込まれた人間の悲痛きわまりなさである。また、フランクルは死を前にしたある患者を、苦悩の中でも品格を保てる「態度価値[26]」を示した好例としてあげている。宿直の医師の安眠を妨げないよう、死の数時間前にうつモルヒネ注射を回診の時にするよう〈気を配った〉ことを「人間らしい無比の業績[27]」と称賛しているのである。果たして死に臨んで悟りきっているようなこの患者の心の底には悲しみや無念の思いはなかったのだろうか。それとも彼の最後の誇りであったのだろうか。それこそ、このような〈死の前にまわりの人をわずらわせない＝素晴らしい思いやり〉というフランクルの単純な感覚はナチスの役にたたなくなったものは他の重荷や邪魔になってはならないという冷徹な効率主義に通じていかないだろうか。もちろん、フランクルは強制収容所で人間という存在がもっているすべてを収奪しつくされてもなお最後の尊厳を失わなかった人間の目撃者であり、なにより本人そのものが正しく善き人といえよう。ただこの宿直の医師とは実はフランクル自身であるが、患者の〈思いやり〉を受けてそのまま注射をしたのかどうかの記述は避けられている。

そのフランクルの素晴らしいところは〈私は人生にまだなにを期待できるか〉でなく、〈人生は私に何を期待しているか〉と、コペルニクス的転換を促す点にある。こうして人生を運命や状況のせいにすることなく「意思の自由と、人生に意味を見出す必要性、さらに自己に責任を持つ[28]」という〈生きる意味〉は「それでも人生にイエスと言う」ことに集約されることになる。

# 第2章　他のホロコースト作家たち

ひるがえって殲滅収容所からの生還者のシンボルとなったフランクルとは比較にならない程、日本では無名に近いいわゆるホロコースト作家たちがいる。ルート・クリューガー、エリ・ヴィーゼル、W・G・ゼーバルト、プリーモ・レーヴィ等である。生き残りの証人として、また取り残された喪失者としての彼等はどのような視点でホロコーストを捉えているのか。フランクルとはどこが共通し、なにが異なっているのか彼らの著作を通じて考察したい。

## 第1節　ルート・クリューガー：『生きつづける』—問いつづける

### 1　収容されて

１９３１年、オーストリアのウィーン生まれのルート・クリューガーが母親と共に強制収容所へ移送されたのは１９４２年、まだ10歳の時であった。１９４５年、ドイツの敗色が濃いなか母親とルートと養女ディタの女子供３人で収容所から死の行進への途中で脱走した。その逃走劇は彼女たちのしたたかな智慧とたくましい度胸、そして奇跡に助けられて成功した。

しかしルート・クリューガーがこの希有の体験と脱出後の人生を書き始めたのは戦後45年も経っ

てからであった。それまでに収容所の記録、いわゆるホロコースト物は数多く出版されていたが、女性と子供だけの脱出劇は少なかった。しかるにクリューガーはなぜ、この伝えるべき体験を半世紀も書かなかったのだろうか。ましてやクリューガーは大学の文学部の教授であった。それにもかかわらず約半世紀沈黙していたクリューガーは、しかし〈生きつづけていた〉。それは〈問いつづけていた〉時間であった。

1940年、医師であった父ヴィクトリア・クリューガーは堕胎罪の罪で国外追放され、イタリア、フランスへ脱出していた。母と二人で取り残され牢獄と化したウィーンでの子供時代、ユダヤ人には禁じられた映画を観に行って、近所のドイツ人少女に見咎められ辱められた経験、1942年9月ついに最後のユダヤ人として移送され、テレージエンシュタット、アウシュヴィッツ、クリスティアンシュタットの収容所をたらい回しされたこと、母と養女ディタと脱出し米国に移住したこと、戦後何十年も経って赴任したドイツで再び殺されそうになったこと、現在と過去を行き来しながらクリューガーは執拗に問いつづける。

「ある時の、ある場所のなんたるかを(29)」。

幸運に生き延びたにもかかわらず、シニカルな視点をもつクリューガーは決死の脱出行を共にした母との関係も麗しい母娘愛としての美談に終わらせない。強制収容所と逃亡、ヨーロッパからアメリカへの移住を共有した誰よりも強い絆でさえ母娘の感性の違いからくる確執を埋めきることはない。

更にガス室を覚悟して死に赴く人間の崇高さを語るフランクルと違って、クリューガーは愛する父に殉じるリーゼルのことさえ美化し称賛はしていない。教養がなく貧しい家庭出身のリーゼルはウィーンの学校時代、詩を好み奥手なクリューガーを逆に小馬鹿にしていた。なにせクリューガーをうまくのせて詩を暗唱させると「とたんに、リーゼルのくちもとがニタニタと歪む。暗唱したその詩句には、もうひとつの卑猥な意味があると笑う[30]」のであった。そのように決して品性の高くないリーゼルであったが、自分の父親に対しては命を惜しまないほどの愛情の持ち主であった。彼女は生きのびられる可能性のある労働移送に出願せずに、死体処理特務のため決して生きて出られない父親と共にいることを選んだ。クリューガーは覚悟してガス室に送られたリーゼルと、母のために犠牲にはなれないであろう、自分とを比較してこう述べている。

「一度も本当に好きではなく、だから尊敬もできなかったリーゼル（わたしたちは共感をもてない人間をどうして尊敬できるだろう？）を思うとき、自分の助かった命が、いつもよりぐっと値打ちがないような気がする[31]」。この言葉はフランクルの犠牲的行為のできる人間への勝利感に充ちた言葉より等身大の共感を呼び起こす。意識的であろうがなかろうが、クリューガーはフランクルもしくはフランクル的なものへ反発を感じているようである。「そのころニューヨークではびこっていたウィーンのいかがわしい精神分析は、社会批判を回避していて、心的悪疾と歴史的悪疾の連関を問わなかった。〔中略〕精神的悩みはいずれも自分自身にその根をもっていて、家の外に冷たい風は吹いていない、というわけだった[32]」。人それぞれである強制収容所体験をあやしげな心理学の法則から一律に導きだすことなど、まったく的外れだとクリューガーは一蹴する。その嘲笑はまるで、社会の責任を回避して心の持ち方ひとつが収容所での生死さえ左右するというウィーン派のフランクルへのあてつけのようにもきこえる。なおかつ「ユダヤ人だからというだけで強制収容所に送られた人間は、ドイツ人だからというだけで、その人を非難する気にはなれない[33]」というフランクルへ直接的な挑戦状ではないにしても、皮肉なことばを放つ。「わたしは畜生ではない、忘れることはできぬ。赦すなんて、反吐が出るわ、と心で思う、口に出す[34]」。そしてクリューガーは人間の良心についてさえ、人間のもっとも当てにならない器官であり、その良心を拠り所にしようとする自分自身すら容赦なく断罪する。だが、他人にも自分自身にも絶望的な不信感をもつクリューガーも、フランクルがいう人間の〈態度価値〉を、自分自身の体験としてもつことになる。労働移動選抜に際し、12歳のクリューガーに15歳と嘘をつくように入れ智慧をし、自分の身の危険を犯してまで労働移送に成功させてくれた女性が存在したのだった。それはそれまで会ったこともなく、2度とふたたび合うこともなかった女性の、無償のそして自由な行為であった。これには時に挑発的ですらあるクリューガーも「善はそれ自体よりほか原因をもたず、それ自体よりほか、なにものも望まないからだ[35]」と素直に感銘を受けている。それは善を提供される可能性がほとんどゼロであったアウシュヴィッツにおいて、しかしクリューガーが受け取った真実の体験であった。同時にアウシュヴィッツでは、愛も分別も人を救うことはできなかったという圧倒的な現実をもクリューガーは12歳にして悟るのであった。

## 2　女性の視点

強制収容所の体験ばかりでなく、そこからの脱出記録、それも女性の手になる作品は数多くない。この自伝の特色はその体験のドラマ性だけでなく、女性からの視点が強く現れている点にもある。クリューガーは女性読者へ語りかける。なぜならクリューガーは「この本を男性が読むとはどうしたって想像できないのだけれど？　男性は男性が書いたものしか読まない[36]」からと男性を見限っている。クリューガーの人間不信とりわけ男性不信は根強い。選別の犠牲者は圧倒的に女と子供であるのにもかかわらず「戦争は男のものなのだ。だから戦争の思い出も男のもの[37]」と男女間にある格差を見据えている。男性受難者は悲劇のヒーローであるのに対して、自分達女は労働力としてもっとも安くて質が悪く、いくらでも補充がきいたその他大勢だと自嘲する。女性の読者は女同士の打ち明け話のようなあけすけで辛辣な調子のこの作品を読んでみて改めてそれにきづく。今まで戦争におけるわれわれとは自分たち女性を当然含んでいると疑ってもいなかったのに、フランクルにしろ、後述のホロコースト作家たちにしろ、人間＝男性であり、女性は時々思いだしたようにつけ加えていた筈のものなのだった。このようにクリューガーの語り口は、極限における人間の崇高さを伝道するフランクルの格調高さと違って生々しく偽悪的ですらある。収容所の悲惨さを描く男性作家の書いたものにわれわれ読者は圧倒されたまま、それは恐怖に満ちたあり得ない世界の話ともなるが、クリューガーの記述は女性の読者なら共犯意識すら感じるほど身近に感じられる。具体的には女性としての感性から女性の生理やセクシュアル・ハラスメントにも言及している。収容された女性たちは栄養不良とストレスから生理が止まった。「みんなの無月経は、栄養不良ばかりが原因だろうか。〔中略〕動物園のほ乳類は、たとえ栄養が行き届いていてもめったに出産しない。進化の上から下まで、生き物にとって囚われの身は害をおよぼす[38]」のである。さらに女性収容者がシャワーを浴びる写真を撮ったりすることは勝利者側としてのナチスの抑圧された好色を示していると告発する。絶滅収容所の山と積まれた死体や、金歯や髪の毛の束、そして子供の靴の山の写真も正視に耐えないものであるが、白昼、きちんとした制服と革のブーツに身を固めたSSやドイツ兵士の前を、若い女も老女も、そして乳幼児を抱えた中年女性も一律全裸に剥いて並ばせガス室へ走らせている写真はナチスの底知れない悪意と性的変質性を示す。長きにわたった人類の侵略の歴史において、皆殺しの虐殺や女性の陵辱は当たり前であった。しかしまだ人類が蛮族同士で争っていた時代と異なって「ナチズムは、高度な文明の産物だった。〔中略〕ドイツの出来事は文明の所産であり、それゆえに恣意的なものだった[39]」。

実際にはユダヤ人女性を直接的に性の対象とすることはアーリア人にとって犯罪であったことも二重に侮辱的であった。なおかつ女性蔑視はナチスだけではない、クリューガーは自分が属するユダヤ人社会や救出してくれたソ連兵からも女性としての危険や限界を突きつけられる。山口によれば、「女性はカディッシュを唱えられない、といったユダヤ教における性役割への疑問や、解放者であるはずのソ連兵による、ユダヤ人女性（及びドイツ人女性）に対するレイプ、ドイツ人ボーイフレンドとの付き合い、ユダヤ人の男子学生たちに—彼らもドイツ人女子学生と付き合っていたのに―咎められたというレーゲンスブルクでの経験(40)」などアメリカでフェミニズムの洗礼を受けたクリューガーは男女間における二重規範を率直に憤る。

## 3　逃亡

あまりにも早く神から見捨てられた場所に連れ込まれたクリューガーが「死の行進から逃れ、人の群れから逃れ、絶え間ない危険から逃れ(41)」脱出に成功したときは未来への希望に満ちていた。ナチス政権の敗北によりすべてを失ったと感じているドイツ人と運命は逆転したのである。

このように逃亡に成功して再び命の歓びに輝いたクリューガーであったが、結局ホロコーストの記憶からは逃れ得なかった。どうにかナチスの傷あとを克服しようとするクリューガーに対して、ナチス支配後の世界は公表された犯罪にまともに向きあわず、冷笑とともに葬ろうとした。より深くなった傷跡を抱えながらクリューガー自身も自分の仲間たち、仲間の死者たちを裏切れという誘惑に逆らわねばならなかった。

「死者はいかにわたしたちを憎んでいることか。わたしたちが歩み寄る。彼らは退く(42)」ことを痛烈に感じるのだった。なんとも空しいことに、クリューガーがいかに鎮魂の詩を捧げようと亡霊達は鎮まってはくれない。彼女は生き延びた罰として魂の収容所へ繋がれていなければならない。そして死者だけでなく生きている人間さえクリューガーを苛む。彼女の激烈な体験は外部の人びとを目覚めさせない。それどころか、その存在自体が健康な人に自分も死すべき運命にあることを思いおこさせる癌患者のような忌むべきものになる。「男も女も子どももそろって目をそむけた。背けないにしても、心を閉ざすべく、表情を閉ざした。わたしたちはわたしたちで悩みがあるんです、どうかヒューマニズムに訴えたりして、困らせないでください[43]」。

まことにわれわれこちら側としてもクリューガーのような人間を前にして困惑しないことは難しい。自分が犯さなかった、いや犯さずにすんだ罪への罪悪感を、責任感をどのように扱えばよいのか、被害者への同情は論外としても共感することにさえ、クリューガーは「安易な感情移入やカタルシスなどそもそも不可能[44]」であると突き放す。「強制収容所はそれほどひどくなかった、生存者がいるのがなによりの証拠じゃないか―死者は敬われる。生者はむしろ疎まれる[45]」。クリューガーは生き延びた。しかしそれは祝福されない。かくしてクリューガーもまるで厄介者のように疎まれている自分自身と和解できないままである。

## 4　フランクルとの比較

フランクルは極限状態においても魂は自由でありうるとの啓示を示したとして称えられる。対してクリューガーは「人生の一瞬にすぎなかった状況を、まるで啓示の性格でも帯びているかのように語っている。『あなたが知らないことをわたしは知っているのよ』自分には普遍化する権利があると言わんばかりの権威的な文章[46]」と、自分自身を批判する。この自己否定は、権威者となったフランクルへも通じるのではないだろうか。またクリューガーは、「あんたは警告の記念碑みたいな顔をして歩き回る権利をだれにもらっているのかね[47]」と意地悪く揶揄され、あげくに収容所のことは、もう記憶から抹消して新しく出発したほうが良いと親切なつもりの、けれども残酷な忠告まで受けるのである。二重三重にも追い打ちをかけられ傷だらけのクリューガーに対して篤い信仰心の鎧をまとっているフランクルは傷つかない。いや、フランクル自身の誇りにおいて傷つくことを拒否する。

だがクリューガーはフランクルが言うところの〈義人たち〉の存在は、ナチスへの免罪符にならないことを「不正というものは、被害者当人の心境のいかんによって帳消しになるわけではない[48]」と切り捨てる。クリューガーにはフランクルと異なって信仰への過剰な信頼も、フランクルの〈一括判定の否定〉への共感もない。それどころか家父長的な神から男性の二の次にされた女性として、自分からも神を投げ捨てた身として、「おひげの神様にも、彼の論理中心主義的な抽象にも届かない。鏡に映ったわたしは、彼の似姿ではない[49]」と言い放っている。それでいて神に拠り所を求められない魂のディアスポラとしてのクリューガーが生の側で語る作品に流れているものは、深い痛みにほかならない。クリューガーを読むものは、その痛みを受け取り、その痛みは読むものの中にあらたに生き返り、そして生きつづけていく。

## 第2節　エリ・ヴィーゼル：『夜』──神はどこにおられるのか

### 1　エリ・ヴィーゼル

強制収容所の極限状況の中でも冷徹に人間心理を観察し、その結果〈神〉への帰属を高らかに肯定できたフランクルの『夜と霧』が希望の書であるとすれば、ヴィーゼルの『夜』は、信仰深かった魂が若くして老い、そして凍てつき〈神〉を失うに至る痛苦に満ち満ちた絶望の書である。

『夜』の著者エリ・ヴィーゼルは１９２８年、トランシルヴァニアの地方都市シゲットのユダヤ商人家庭に生まれる。エリの少年時代、この地の帰属はルーマニア領からハンガリー領に変わっていた。１９４４年、ヴィーゼル15歳のとき、家族と共に〈封印列車〉で強制収容所へ送られる。そのアウシュヴィッツで父と2人、〈選別〉を免れる。しかし、母と7歳の妹はそのままガス室行きになり、２人の姉ともこのとき生き別れたままになった。そしてエリはエリでなくA─７７１３という番号になった。１９４５年4月、〈死の移送〉先のブーヘンヴァルト収容所でアメリカ軍により解放される。戦後フランスのソルボンヌ大学に学び、新聞記者となる。１９５８年フランス語で書いた『夜』をカトリック作家フランソワ・モーリヤックの尽力を受けて出版する。その後も暴力や圧政、差別を告発する著作を発表しつづけ１９８６年ノーベル平和賞を受賞する。

## 2　幻想

13歳のころ、エリは心底からの敬虔なユダヤ教信者であった。タルムードを学び、カバラーの勉強も望んでいた。商業にたずさわっていた父はカバラーを学ぶには早すぎると反対だったので、《堂守のモシェ》に教えを受けるようになった。そのモシェは外国から来たユダヤ人ということで家畜用の貨車で放逐されてしまったが、あるとき逃げ帰ってきた。それは奇跡的なことであった。モシェは涙ながらに自分達の身の上におきたことをシゲットの人々に訴えた。ゲシュタポが彼らに穴を掘らせて、その穴の上で撃ち殺していったこと、赤ん坊を宙に放り投げて標的にしたこと、三日間臨死の苦しみを味わった少女マルカのことを語って人びとに警告した。「ユダヤ人の皆さん、私の言うことを聞いてください。お願いするのは、ただそれだけです。金もいりません。憐れみもいりません。ただどうか話をきいてください(50)」。しかし人びとはモシェのことを、同情をかうために作り話をしているか、気が狂ってしまったかのどちらかだと本気にしようとしなかった。

これについてフランスの作家モーリヤックは、『夜』に寄せた序文で述べている。

彼らには宿命から逃れる時間があったはずなのに、そのうえ、殺戮から身をもって逃げてきて、われとわが目で見たことを語りきかせてくれた目撃者がいながら、その人の警告や嘆願には耳を籍そうとせず、—それどころか、彼らはその人を信じることを拒んで、狂人と見なしてしまうのである、—いまとなっては想像もつかぬ消極的態度をもって、その宿命に彼ら自身の身柄を引き渡してしまった。彼らはそれほどまでに、宿命に対して盲目であった(51)。

地獄の目撃者として自分自身の命には執着がなくなりながら、ただシゲットの人々にナチスの危険を知らせようと還ってきたモシェの叫びに不安をおぼえたのはエリだけであった。だが、安全なパレスチナへの移住許可証を買うように懇願するエリに対して父は高齢を理由に拒んだ。父が、シゲットの人びとがナチスの本性と能力を認識できていたらその後の悲劇を避けられたであろうに、彼らは人間の善性への信頼に、ロシア軍の進攻による救助に、そして〈神〉への、信仰に期待をよせていた。

はじめに信仰があった、幼稚ながら。そして信頼があった、空虚ながら。そして幻想があった、危険ながら。私たちは〈神〉を信じていた、人間に信頼していた、そしてこのように幻想を抱いて生きていた。〔中略〕これは私たちのあらゆる不幸の原因とは言わないまでも、その源泉ではあった(52)。

このエリの痛切な懺悔こそが後の悲劇の結論であった。いよいよゲットーから移送されても、それでもまだ幻想を捨てきれなかったエリたちもついに悟る時がきた。人間が、ましてや子どもたちが焼かれているというのに、世界が黙っているとはありえない…。しかし世界は黙っていたままであった。今更ながら〈神〉を信じたあげくおめおめと連れてこられたことを後悔しても手遅れであった。１９４５年、地獄の収容所から解放されたとき、あれほど信心深かったエリは一切の幻想をもってはいなかった。

## 3 「神はどこにおられるのだろう」

焼却炉に投げ込まれた子どもたちのからだが、蒼い空へ渦巻く煙になって立ち上ってゆくのを見たエリの中で〈神〉も永久に焼き尽くされてしまった。エリにとって、信仰を有するものにとって、〈神〉の死はすべての結果のうちでも最悪なことであった。にもかかわらず、母と妹がガス室へ向かわされ、つぎに自分たちの選別の時がこようとするとき、エリは祈りはじめた父に対して「私ははじめて反抗心が身うちにふくれ上がるのを感じた。なぜ私は〈御名〉を聖とせねばならないのか。〈永遠なるお方〉〈宇宙の主宰者〉〈全能にして恐るべき永遠なるお方〉は黙っておられるのに、どうして私が〈彼〉に感謝を捧げることがあろう(53)」。いや、エリが反抗心をもったのは、無力な父でなく〈全能の神〉に対してであった。しかし、エリだけでなく事ここに及んで決起しようとする若者たちにむかって信仰深き賢者たちはなおも〈神〉への、信頼をなくさぬよう諌めるのであった。

まこと、この揺るがぬユダヤの信仰の力をもってシオンの神もシオンの民も幾多の迫害からキリストのごとく復活する。この不死鳥のようなパワーが他の民族を感嘆させ、また恐れさせ忌避させる淵源となる。しかし、信仰に絶対的なユダヤ人にあって〈神〉の絶対の正義には疑いを抱きはじめたのはエリだけではなかった。あるとき、収容所の破壊活動の罪を問われた3人の死刑囚が絞首刑にされることになった。2人は大人であったが、もう1人は12歳ほどの美しい顔立ちの少年であった。

3人の首は同時に絞索の輪に入れられた。『自由万歳！』と、2人の大人は叫んだ。子どもはというと、黙っていた。「〈神さま〉はどこだ、どこにおられるのだ」。私のうしろでだれかが尋ねた(54)。

2人の大人はすぐに命絶えた。しかし男の子はごく軽いので死に至れなかった。そのまま首吊りの綱は30分あまり揺れていた。そしてエリたちが彼のまえを通ったとき、彼はまだ生きていて、彼の舌はまだ赤く、彼の目からはまだ生気が消えていなかった。エリのうしろで、さっきと同じ男が『いったい〈神〉はどこにおられるのだ(55)』と再び呟く。エリは心のなかで、だれかの声がその男に答えているのを感じた。『どこだって？ ここにおられる――ここに、この絞首台に吊るされておられる……(56)』

その晩、エリがすすったスープは死体の味がした。このような不条理に立ち会わされても、しかしユダヤの民の〈神〉への信仰の強さは失われない。あの少年が死んだ夜にも幾千もの口から神への讃仰の声が繰り返される。しかし、エリはもう一緒になって〈神〉をたたえられない。エリを置き去りにして参加者全員の涙と溜め息のなかで導師の声は一段と高まる。

日夜拷問を受けるようにと、私たちの父、母、兄弟が焼却所で果てるのを見るようにと、諸国民のあいだから私たちを選びたもうた、〈宇宙の主〉におわす〈永遠なるお方〉よ、たたえられんことを。〔中略〕『大地のすべてと宇宙とは〈神〉のものである！』(57)

無信仰のものの胸さえも揺るがせるようなこの祈りの圧倒的迫力に、エリは立ち向かう。もはや神に嘆願せず、それどころか原告として神を告発した。そう被告は神であった。さざ波のように神への讃仰が広がるなか、エリは異邦人の観察者のように醒めた孤独者であった。読者はこの反抗者の絶望に同情を禁じ得ないであろう。しかし、信仰を失ったのはエリ一人ではなかった。収容所の苦しみは神の試練であり、また神の愛のしるしでもあるゆえに人間には絶望する権利はないと話していたアキバ・ドリュメールも〈選抜〉されたときに信仰を失った。昼となく夜となく作業の隙をみては祈祷していたポーランドのラビさえ信仰を見失った。「私は〈賢人〉でなく、〈義人〉でなく、〈聖人〉ではありません。私は肉と骨とでできた一介の被造物です。〔中略〕〈神〉はどこにおられますか。あの慈悲深い〈神〉を、どうして信ずることができましょう(58)」。もしかして、この魂を振り絞るような声もフランクルには遠いものとして届かないであろうか。極限において信仰を貫くことを踏み絵にするフランクルに対して、信仰がすべてであったエリがついに神を永遠に生きながらえる刑に処せられるものとして告発する絶望は永遠に救われない。

### 4　父殺し

1945年、敗色濃いナチスは迫り来るロシア軍からの撤退を始めた。雪の行軍のなか、手術後の足の状態が限界を超えたエリは死の誘惑に引き込まれそうになった。それをとどめたのはエリの父の存在だった。父の生きる唯一の支えはエリだけであったゆえに、エリは自分勝手に死んでしまうわけにはいかなかった。果てしなく思える行軍のなか、とうとう休憩になった。眠り込むエリを父が〈坊や、おいで、坊や〉と揺り起こす。老いた父の庇護者になったつもりのエリであったのに、父にとってエリはまだ坊やであった。地獄の底で愛しあい支えあうエリと父は互いに眠りを譲り合った。

『目を覚ましてよ』と、私はその耳もとに囁いた。〔中略〕それから父は微笑んだ。私はこの微笑をいつまでも憶えているであろう。それはいかなる世界から来たのであろうか(59)。

エリと父が愛し合い助け合っていることのできた美しい世界は無惨なことにここまでであった。同行のポーランドのラビ・エリヤフー父子は3年間の収容所生活の間、あらゆる苦難に共に耐え抜いてきていた。配給のパンもお祈りもふたりしていつもわけあっていた。この世界で最強の絆で結びついていたはずのその息子は、もはや足手まといになってきた父を振り落とそうと機会を窺いだした。メイールは息子の分もパンを取りおいていた父を殺してその死骸からパンを探りだし貪り食った。彼ら息子たちは、一滴も涙を浮かべずに雪の中に埋もれた父親の遺骸を見捨てていった。エリもいまや自分自身だけが生き残れるよう、死んだも同然になった父を厄介払いしたい誘惑にとらわれた。しかし最後の最後で、ラビ・エリヤフーの息子と同じ行為を決して行わない力を与えてほしいと、もはや信じてはいないはずの〈神〉に向かって祈っていた。けれどもラビ・エリヤフーの息子と同じく、エリも試練に耐えきれなかった。

レイゼル！　レイゼル！　おいで、私をひとりにしておかないで……。〔中略〕彼の最後のことばは私の名前であった。呼びかけであった。しかも、私は答えなかった(60)。

こうしてエリもついに父を見捨てた。だが、エリが感じたものは良心の苦悶より父から解放された自由の安堵感であった。あれほど結びついていた父と子、ラビ・エリヤフーの息子もエリも父殺しとなった。ラビ・エリヤフーの息子は実際に手をかけて、エリは父の最後のよびかけに応えなかったことで、神とエリとは互いに見捨て合った。第三帝国は敗れたが、ユダヤの魂を殺したことはナチスの勝利であった。

## 5　昨日黙った人たちは、明日も黙るであろう

かくしてエリが生き残ったのは『夜』を書くためであったと称賛するひともいる。しかしエリは自分が生き残ったのはただの偶然に過ぎず、天の思し召しによる奇蹟という見方を拒否する。エリはただ証人として生きることに意味を見出すが、世界はまたもやエリの期待どおりには応えない。１９５０年代、60年代には、戦前、戦中に生まれた人はホロコーストということがらにたいして、おおめに見るような調子で、一種の無関心といった態度を示した。それどころか、過去の陰気な話で子どもたちにやりきれない思いをさせてなんになると非難するものまでいる。もう世界は忘れ去ってしまいたいのだ。あまりにも信じがたい人間の悪の姿を、それは自分達の内部にも潜んでいるものだから向かい合いたくなど無いのだ。しかし真に恐ろしいことは、ヒトラーとナチスとがユダヤ民族にしかけた戦争の狙いは生命を奪い取ることだけではなかった。それは民族そのものと同じく、ユダヤ人の宗教、ユダヤ人の文化、ユダヤ人の伝統、すなわちユダヤ人の記憶を根絶することであった。その上、ホロコーストなど全くなかったように証拠の隠滅を謀った。そしてそれはある程度成功しかけた。ドイツ人や反ユダヤ主義者たちのうちには、厚顔にも絶滅収容所とか殺戮された６００万のユダヤ人などという物語は作り話にすぎないと、世界に向かって喧伝しているものもいる。そして世界は愚かにも、今日すぐにではなくても明日か明後日になったら、そのことを本気にするであろうとエリ自身も醒めた認識をもっていた。20年ぶりに故郷シゲットへ帰郷したエリの前にあらわれたのは２５，０００人の住人のうち１０，０００人を占めていたユダヤ人のこと

を人びとの記憶からも時間からも放逐した町の姿であった。村上によれば「断絶は完全であった。なんとなれば、かつて私のものであった都市は、いまだかつて存在したことがないからである(61)」。エリは二度とふたたび故郷の土を踏まなかった。こうして過去は拭い消され、忘却へ送り去られた。収容所を体験しなかった人々にいくらその不条理を訴えても空回りするような日々のなか、エリは自分の証言が受け付けられないことを心の奥底で噛みしめた。その絶望はシゲットの人々に命をかけて警告しても本気にされなかった《堂守りのモシェ》と同様であった。それでも、やはりエリは立ち上がらねばならない。なぜなら「忘れようものなら、危険と侮辱とを意味することとなろう。死者たちを忘れようものなら、彼らを二度重ねて殺すこととなろう。さて殺し屋どもとその共犯者どもとを別にすれば、なんびとにも彼らの最初の死にたいする責任はない。そうではあっても、私たちは第二の死にたいしては責任がある(62)」のであり、「これだけの規模の悲劇にたいして返答があるのかどうかさえ、私にはわからない。しかし、責任のなかに《返答》があるのだ、ということはわかっている(63)」からである。

かくしてあの犯罪の記憶を抹消することは、ナチスの最後の勝利になってしまうことをエリは断固として拒否する。神を無批判には信じなくなったエリであるが、しかし語りつぐ責任があることだけは信じているのである。

## 6　信仰におけるフランクルとエリ

エリの愛読者は、彼とともにユダヤ人の受難について思いを深めるうちに、いつしかユダヤ教の根源の深遠さに魅了されることとなる。確かに、ヴィーゼルの『夜』を一読しただけでは、大方の読者はそのあまりの悲劇的黙示録のごとき内容に〈神は死んだ〉と呻くエリに同調したくなるであろう。しかしあらためて考えてみると、エリにとって結局〈神は死んではいない〉のだった。そもそも、〈神は死んだ〉と嘆くこと自体、〈神〉との愛憎の縁が切れてはいない印なのだ。「つまり〈神〉は、罪科を犯した者を厳格に罰するとともに、〈彼〉みずからもかならず罪人たちとともに《居合わせ》るのです。『ゾハル』」（〈光輝〉の書）には『いかなる空間にも〈神〉の不在はない』という語句があります[64]」。ここまで、超越的に〈神〉とユダヤ民族との絆がわかちがたいことを示されれば、その信仰を共にしないものにも一種の感銘を与える。多神教アミニズムの伝統をもつわれわれ日本人の大部分はこうまで信仰というものをつきつめていないであろう。『夜』だけを読んだ人は、エリは信仰を捨てたと思うかも知れない。しかし柴嵜が書くように「彼が抱いている信仰は、ユダヤ教の日々の習慣を守る中で血肉化しており、論理的に整合性を失ったからといって、おいそれと剥がれ落ちるものではない[65]」のであり、エリにとって信仰を捨てることは凄惨な収容所生活の中でもなおユダヤ教が定める通りの断食を敢行したり、祈りとともに死に赴いた人たちを見捨てたりすることと同じになる。エリは、プリーモ・レーヴィのようにユダヤ教を拒否する人の気持ちも充分理解しながら自家撞着や非論理性を承知の上で、なおも信仰のうちに踏み止まろうとしているのである。なるほど数千年の迫害と流浪にもめげず、異教の地においても各分野で頭角を現すユダヤ人の強靭さは、ユダヤ教のゆるがぬ信仰心を源にし、〈神〉に選ばれた民という選民としての誇りに支えられているのであろう。しかし受難さえ〈神〉への帰依の証明の機会としてしまうユダヤ人の信仰心は、もしかして受難を待望させ、受難を呼び寄せ、受難を甘受させてしまわないだろうか。そしてその受難が悲劇的であればあるほど〈神〉へ帰依することは偉大になり、〈神〉もまたいっそう光り輝くというパラドックスを生む。〈神さえあれば〉というフランクルと〈神は死んだ〉と嘆くエリは真逆の存在のようであって実は同じコインの裏表のようである。『夜』におけるヴィーゼルの〈神〉への呪いは、結局〈神〉への愛の告白ともなり、それだけにいっそう痛切である。

## 第3節　彷徨――W・G・ゼーバルト

### 1　わたしはなにものなのか

ホロコーストのトラウマはなにも強制収容所を直接経験したひとばかりではない。このW・G・ゼーバルトの『改訳　アウステルリッツ』に漂うのは、ナチスにより自分のルーツとアイデンティティを失わされたものの冷え冷えとした寂寥感である。作品の随所に挿入されたモノクロの写真が、彼のおぼろげな記憶、セピア色に褪せたイメージと重なり読者を現実とも虚構ともおぼつかない不思議な世界に誘い込む。

主人公はある朝、校長から呼び出されこう告げられた。

試験用紙にはダヴィーズ・イライアスでなく、ジャック・アウステルリッツと書いてもらわなくてはなりません。「どうやらそれが」、とペンリス＝スミスは言ったのです、『きみの本名らしいのですね(66)』。

この主人公は、ペンリス＝スミス校長に書き付けをもらった１９４９年の夏、その日まで自分の名前でありながらアウステルリッツという名に記憶がなく、どう綴るのか見当もつかなかった。なんとも珍奇な秘密の暗号めかした名を、一字一字、３度も４度もたしかめてみた主人公はようやくその名前の意味を訊ねるのであった。15歳まで自分の本名を見失っていた主人公アウステルリッツは、いわゆる〈子どもの移送〉によって故郷を離れた子どもであった。それは戦争勃発の直後に当時プラハから出発していた。そして、移送された彼を受け入れたのはイギリス・ウエールズ地方のバラという田舎町に住む子供のいない牧師夫妻だった。こうしてホロコーストから逃すためとはいえ、４歳半で名前と言語と故郷を喪失させられた彼は、ある日突然別の名前で呼びかけられ、イギリス式の格好にさせられる。いわば囚われの身になったはるかな他所で、彼は自分のせいで置いてきたと思い込んでしまった恋しいひとたちを思い、何時間も眠れずにいた。

養父イライアスは、なにかといっては病気や死を試練や神罰や罪に結びつける説教師であり、日曜日毎に教区の教会で「世にも恐ろしい事柄をなんの苦もなく、即興で語り出したかによそおい、聴衆を悔悟の念で打ちひしがれさせることに毎度まんまと成功[67]」するのであった。アウステルリッツはなんであれユダヤ人の彼を受け入れてくれた養父母に対してついになじめないままであった。養父母は心の冷たさによってゆっくりと死んでいったのかもと感じるほどアウステルリッツ自身も冷めていた。無理もない、突然もとの暖かい巣から引きはがされた幼いアウステルリッツはこうして拒絶反応をどんどん巧緻にさせ、一種の検疫、免疫システムを自分につくり上げた。こうして、彼は自身の不明の素姓と微かにでも関わるものはどんな類にせよ避けようとつとめてきた。ようやく自分を無意識に抑圧していたものを見きわめようと決心したときは既に50を過ぎていた。その記憶を取り戻すきっかけとなったのが、アウステルリッツがプラハから移送されてきた場所であり、なぜか抗いがたくひきつけられていたリヴァプール・ストリート駅とそこの待合室であった。この駅はもともと非人間的で残忍な治療で悪名高い精神病院や貧困者の病院が建っていた湿地帯であり、中野によれば、「時代空間は異なるが、最も非人間的な場ともいえる収容所が建設されたアウシュヴィッツもまたもともと『湿地帯』だった[68]」。そしてリヴァプールは奴隷貿易によって発展したのであり、アウシュヴィッツも奴隷労働の集積地であった。ここにリヴァプールとアウシュヴィッツとの不吉な符合が示され、そこでアウステルリッツが感じた不安と不快が正しかったことが暗示される。

それからアウステルリッツは憑かれるように行方知れずになっている両親の面影を求めてアント

ワープ、ロンドン、テレージエンシュタット、マリーエンバート、ニュールンベルク、パリ…へ旅を始める。しかしながらどこにいても常にアウステルリッツは時の外にいると感じている。ただ母が収容されていたというテレージエンシュタットの要塞を見た時は悪心をもよおすほど感情を揺さぶられる。それは「まさしく醜悪さと見境ない暴力をこれ以上ないまでに具現した意志の怪物であった[(69)]」。実際に連行された人々の恐怖が張りついたような亡霊の墓所でアウステルリッツは収容者たちを幻視する。ここにおける描写は静謐な筆致であるにもかかわらず収容者たちの叫びが生々しく伝わってくるようである。

テレージエンシュタットは、ナチスが対外的に人道的な姿勢をみせるため一時的には美化してみせた収容所要塞であった。１９４４年の赤十字の視察にあわせて花や木が植えられ芝生や遊歩道が整備された。また、いかにも保養地然とした水浴び場やコンサートホールが急造され、スポーツ行事や芝居のポスターも張られた。視察の前には過密状態を隠すため見栄えの劣る人びとを東方へ移送もした。まさに「ナチス、偽りの楽園[(70)]」の茶番を１９４４年の時点でも赤十字は見抜けなかったのか、まことに不審である。フランクルは途中で病死した父親以外、妻、母親ともにこのテレージエンシュタットに2年1ヶ月収容されていたが、ゼーバルトの著作にはまったく触れられていない。

## 2　私はアガータ・アウステルリッツォヴァーという女性を、捜しています

長い彷徨の末、アウステルリッツはプラハへ行き着き、ついにこうたずねることに至る。

私は、アガータ・アウステルリッツォヴァーという女性を、捜しています、そのかたは１９３８年に、ここに住んでいたかもしれないのです(71)。

そして幸運にも幼いころのアウステルリッツの子守りをしてくれていたヴェラ・リシャノヴァーと邂逅することができた。ヴェラが語る母アガータの肖像は美しくそして痛々しい。アガータやユダヤ人の親たちは迫り来るナチスの危険から避難させるため究極の選択をとらざるを得なかった。愛する我が子を他国の見知らぬ人にゆだねる決心をしたのである。

残る親たちが子どもに向かっていっせいにバタバタと振った白いハンカチが飛び立つ鳩の群れのようだった(72)。

この駅での親子の別れのシーンほど美しく、そして哀切なものがあるだろうか。それに対してアー

リア民族の美と優越を主張していたナチスが行ったことは、つまり卑劣な〈盗み〉であった。大義名分のもと財産没収・再利用は実に隅々にまで狡知に計画されていた。母アガータと父マキシミリアン、そしてヴェラとに包まれた夢のようなアウステルリッツの愛らしい生活は、この恥に満ちた動機と周到に張り巡らされた仕組みとに根こそぎ盗まれた。もちろん、当時4歳のアウステルリッツにことの次第は理解できなかったが、深層意識に何より大事なものを奪われたということを感じていた。そのトラウマは彼をして、母アガータたちと生きていたときの時間が止まっている世界の中へ閉じこもらせているままである。ようやく自分のアイデンティティにたどりついても救いにならず、それどころか一度としてまことに生きていたためしがなかったことをアウステルリッツは悟った。こうしてどこまで自己と歴史の深みへ降りていっても、けっして答えには行き着かないまま、魂の漂泊を続けていくアウステルリッツは、ドイツ生まれであるのだが、イギリスに定住した著者ゼーバルトの化身のようである。

そして「自分が、いまだ償われていない罪の冒された場に立っているのではないかとの想いに無性に駆られた[73]」アウステルリッツの向こう側には、〈自分の親がナチであった子ども〉たちがいる。第三帝国とホロコーストの過去は、このドイツの第二世代の子どもたちが、ナチズムを担った両親と対決し、離反していくさいの中心的テーマであった。NHKのBS放送「世界のドキュメントヒトラーチルドレン〜ナチスの罪を背負って〜」では、ナチスのNo．2であった大叔父ゲーリングの血統を絶やすため避妊手術を決断した兄妹が登場する。またSS隊長であったヒムラーの弟の孫のひとりカトリンは、ナチスの罪悪を語り継ぐために学校を巡っている。しかし彼等のように親世代の罪業を背負うものは例外であり、同じ家族同士でもナチスであった親たちへのスタンスは異なっている。ゲーリング兄妹は親族と断絶状態であり、カトリンはユダヤ人と結婚したが、その姉は彼と真逆に人種隔離政策「アパルトヘイト」のある南アフリカ共和国へ進んで移住した(74)。ドイツの週刊誌『Der Spiegel』が２００１年に取材した時には、ナチスドイツの第2、第3世代になっていくにつれ、ホロコーストへの関心が低下していることが示されている。

同様にアウステルリッツはパリの新図書館について、この醜悪な建築物はかろうじて命脈を保っている過去とは一切の繋がりを絶ちたいという、日々露骨になっていく欲求を公然と顕示したものだと静かなる告発をする。またアウステルリッツは失われた過去の代償として得た透視力ですぐそこの危機を予感する。しかし彼は具体的な行動はおこさない。過去を押し流すことは、かりそめの休息をとっているのにすぎないのに安全だと信じているひとびとの愚かさを見限っているだけである。また、次なるアガータは見知らぬ人へ新たなアウステルリッツを送り出して悲嘆のうちに亡くなるであろう。かくしてアウステルリッツのさまよえる魂は虚無の中へ浮遊しつづけるままになる。クリューガーやエリが直接体験した「ホロコーストはここでは直接語られてはいない。『不在』であるにもかかわらず(75)」、しかし時空を超えて、作品中では語られないアウシュヴィッツの悲惨さはゼーバルトの描くアウステルリッツに滲む悲惨さと共振し、ナチスの犯した罪悪を違う角度で照らしだす。

# 第3章　プリーモ・レーヴィ

## 1　プリーモ・レーヴィ

ホロコーストの記録文学だけでなく、全くの創作作家としての顔を持つユダヤ系イタリア人がいる。彼の作品は美しく、そして人間を人間以下のものに置き換えようとするものへの痛烈なメタファーを含んでいる。そのプリーモ・レーヴィは、１９１９年トリーノに生まれた。反ファシストのレジスタンスに参加するなか、１９４３年12月に捕われ、１９４４年1月アウシュヴィッツ強制収容所へ移送された。化学者としてレーヴィは、医師であったフランクルと同じように〈特殊技能者〉として、そのお蔭で生き延びることができたと語っている。戦後、化学者として働きながら、『アウシュヴィッツは終わらない』、『休戦』、『溺れるものと救われるもの』などで強制収容所の体験を書き伝え、また小説家としても『天使の蝶』、『周期律』、『星型レンチ』などの傑作を創作した。

## 2　『アウシュヴィッツは終わらない　あるイタリア人生存者の記録』

『アウシュヴィッツは終わらない』の原題は「これが人間か?」であるが、日本語での出版が戦後30数年を経てなされるという今日的意味から『アウシュヴィッツは終わらない』という題を採用された。捕捉された後、それまで半信半疑で幾度となく聞かされてきた地獄の底への移送列車に容赦なく詰め込まれたのは、今度こそレーヴィ自身であった。

旅行中も到着後も、私たちが底なしの絶望という虚無の表面に留まっていられたのは、ひとえに不自由な環境、殴打、寒さ、渇きのおかげだった。生き抜く意志や悟りきった諦めのおかげではなかった。こうした精神状態を保てる人はわずかしかいないし、私たちは普通の人間でしかなかったからだ(76)。

移送されたアウシュヴィッツの門には「ARBEIT MACHT FREI（労働は自由をもたらす）」というまさに欺瞞の標語がかかげられていた。そこではレーヴィたちは記憶を呼び起こせる一切のものを収奪された青白く不潔な見分けのつかない番号になる。レーヴィの名前は174517に変わった。

1945年1月、解放されたレーヴィがこの〈ラーゲルの記録〉を書き、それが出版されたのは1947年のことであった。レーヴィの目的はすでに世界中が知っている以上の抹殺収容所での残虐な事実を語ることではなく、あらたに告発条項を並べるためではなかった。むしろ人間の魂がいかに変化するか、冷静に研究する際の基礎資料をなすのではないかというところにあった。つまり「ものを考えることが死につながるという、人間にとっての極限状態にあって、人間の魂がいかに破壊されてゆくかを、克明に静かに描き出した(77)」ものである。したがって、この書はフランクルの著作と同様に告発の意図をもって書かれたものではなく、フランクルと同じように収容所という極限の場における人間の魂の変化についてである。ただフランクルと異なるのはそこに書かれたものが信仰の素晴らしさや人間精神の強靭さについてではなく、人間の脆弱さと人間悪への警鐘としての側面が強いことである。

初版から15年経った1972年に出した「学生版」では、たとえただ一人でも、狂信国家主義と理性の放棄から始まった道がどれだけ危険か、理解してくれるならさいわいであるとしている。それは若い学生たちが「生き抜くには、全員が敵、という戦いに、昔から慣れている必要があるのだが、若者にはめったにその準備がない[78]」ことを危惧したからであった。

それでは収容所での生き方にぴたりと適応して生き残れる存在とはどのような人間か。レーヴィによると、それは生まれながらの泥棒エリアスのような男が格好の見本である。なぜなら第一にエリアスはもともと狂っていたのだから心を破壊されなかった。第二に人を欺く獣性が身についていた。もうひとつエリアスは、この言葉が意味を持つ限りでは幸福そうにみえた。つまりラーゲルにいるかぎり、エリアスはその本性を生き生きと発揮でき、一般社会では得られない尊敬を得られたからである。生きる目的もなく、良心も自制心もまったくもたない人間が収容所では勝利するのだとレーヴィはみた。またはあらゆる愛情の絆を断ち切り、創世記の蛇のように人知を超えた狡猾さをもつアンリのような人間も生きのびた。これは、生き延びたのは高い精神性をもったものだと分析したフランクルとは正反対の洞察であった。不正義と不潔に充ちた収容所で、レーヴィが、ピコロ（書記を兼ねた使い走り）のジャンにダンテの『神曲』のを語り聞かせる場面は印象的である。

しかし、この世で地獄の劫罰を受けているかのようなレーヴィたちの罪とはなにであるのだろう。

１９４４年1月に９６人いたイタリア人は、10月には29人になり、その中で8人が選別され21人になってしまった。そしてレーヴィも力つきようとしていた。もうこれからの冬に生き残るという幻想は持ちようがない。しかし奇蹟がおきる。ガス室ではなく化学者として暖かく清潔な研究所に〈選別〉されたのだ。それだからといってレーヴィは生きのび、解放されるだろうという幻想はもたない。今現在だけ、その幸運を味わい尽くすだけと悟っている。だが次なる僥倖がレーヴィを訪れる。ロシア軍が近づいてくる１９４５年1月、レーヴィは猩紅熱にかかり伝染病室へ収容された。1月18日、動ける囚人およそ2万人はロシア軍からの退避行を命じられた。そのほとんどは、あるものは衰弱して、あるものはＳＳに射殺されて雪の中で死んだ。１月27日、ロシア軍によってレーヴィは解放された。

## 3　『休戦』　青春記のように

私たちは、残忍な夜に夢を見た、家に帰り、食事をして、起きた出来事を語っている。朝の命令が、あの「フスターヴァチ」が、短く、静かに響くまで。いま家を探し出し、起きた出来事を語り終えた。するとその時だ。すぐにまた聞くことだろう。外国語の命令を、あの「フスターヴァチ」を。（１９４６年1月11日）(79)

〈フスターヴァチ〉とはポーランド語で〈起きろ〉という意味であり、苛酷な現実の世界へ引きずり出す声である。『休戦』は解放されて我家へ還る道中記であるのに、巻頭には歓びにみちた晴れやかな詩ではなく、レーヴィの癒えぬ傷跡のしるしが掲げられている。

筋金入りの闘士でもないレーヴィは反ファシズムへの戦いに身を投じて半年、密告により山中で捕虜となり、アウシュヴィッツ収容所へ連行された。ロシア軍による解放直前、伝染病のため病室に残された800人はナチスによる〈回収〉を免れたが、約500人が病気と餓えと寒さで、200人が解放直後に死んだ。レーヴィは生き残った100人の中のひとりになった。すぐにでも故郷のイタリア・トリーノへ帰還できたかといえば、なぜか反対方向のソ連を経由させられて帰宅できたのは9ヶ月も経った後だった。その経緯は『休戦』に記され、後に映画化もされた。この『休戦』は、第一作『アウシュヴィッツは終わらない』から15年も経って書かれている。それなのに、まるで故郷へ帰還した直後から書かれたのではないかと錯覚させるほど臨場感に溢れ、みずみずしい感覚にみちている。この作品は解放時に身も心も死んだも同然であったレーヴィの若々しい生命力が甦っていく青春期の凱歌のようであり、そしてドイツ敗戦後のヨーロッパの混乱の記録としても貴重なものである。なにより『休戦』の魅力は苦難の道中記でありながら一匹狼のギリシア人のモルド・ナフムや太陽の子にして詐欺師のチェーザレなど個性豊かな登場人物たちの群像が奇妙なユーモアさえ感じさせるところである。それは収容所の〈陰惨な死の世界〉とは全く反対の極にある〈輝く生の世界〉であり、レーヴィ自身も彼らとの友愛や駆け引きなどを通じて人間性を取り戻していく。しかし現実としては、レーヴィは解放されたとはいえ、故郷イタリアとは正反対のポーランド、ウクライナ、ベラルーシ（白ロシア）、ルーマニア、ハンガリー、オーストリアと全くつじつまのあわない道のりを強いられた。もしかしたらそのまま抑留され故郷へ帰りつかないのではと危惧の連続の旅であった。それでもついに大らかなロシア人たちに助けられながら１０月１９日トリーノの我家へ還り着いた。しかしまるで青春の冒険記のような趣もあるこの作品の本来の主題は「アウシュヴィッツという死の世界を体験したものが、いかにして普通の世界に戻れるか、いかにして一度失った生を新たに獲得できるか(80)」という重いものである。レーヴィは我家の広く清潔なベッドにやすんでいても、まだラーゲルにとらわれている。ラーゲル以外のものはなにものも真実に感じられない。温かい食事のある家庭も花咲く自然も夢のなかの夢であり、つかの間の短い休暇、「休戦」にすぎない。現実にあるのは今も響くあの外国語である。

「ファスターヴァチ」さあ、起きるのだ。

## 4　『天使の蝶』　このおぞましきもの、ブラックユーモアの偽装

創作作家としてのレーヴィの素晴らしい才能を示した作品のひとつが『天使の蝶』である。レーヴィの化学者としての科学的知識と豊かな空想力が結びついたＳＦとも幻想譚ともつかないこの物語集には、強制収容所について直接的な言及はされていない。しかし作者レーヴィがホロコースト作家からの脱却を目指し、純然たる創作を希求したとしても、この奇妙なユーモアと痛切な悲哀の

混じりあう不思議な感触の短編群のそこかしこには、あのナチズムが象徴する人間破壊への痛烈なアイロニーが秘められているのではないだろうか。

## 4・(1)『ビテュニアの検閲制度』

検閲とは公権力が、思想や書籍などの表現内容を審査し不適切とみなしたものを強制的に取り締まる行為である。ビテュニアでは、その膨大な作業を人間だけではまかないきれなくなり、機械化することになった。その結果、能率は飛躍的に高まったが、そのあまりの単純な当てはめ方の弊害に次なる方策が模索された。そして〈選別作業〉には家畜が訓練次第で可能ということになった。ただし人間に近いほ乳類はあまりに利口で繊細で判定係としては不適格だったが、素晴らしい能力を発揮するのが一般種のにわとりであることが発見された。なかでもメンドリは「与えられた思考の図式に几帳面にしたがい、すばやく確実に選別をおこなうことができる。しかも、冷静沈着な性格と、すぐに消える記憶のおかげで、迷うということがまったくない[81]」。

これこそ、ユダヤ人を〈検閲〉し〈選別〉したドイツ人を利口でも繊細でもないメンドリにたとえていてもおかしくない。自分の頭と心で考えることも感じることもなく、命令されたとおり整然と迷うことなく〈選別〉を行い、そして心に何も残さないナチス時代のドイツ人やそれに協力したものたちをブラックユーモアの偽装に包んでいるのは、レーヴィのアウシュヴィッツ体験に根ざしたドイツ人観、もしくは人間観と読める。ただレーヴィの来歴を全く知らない読者が読んでも文明諷刺作としての奇妙な面白さを発見できるであろう。

## 4・⑵『天使の蝶』

短編集の題名にもなっている『天使の蝶』、この美しいタイトルに反してこれは実におぞましい物語である。本来、人間は天使になりうるものであるが、「幼形成熟[82]」のために変態できないだけであることを証明しようとしたドイツ人教授レーブが〈選別〉したのはやせこけた男女二人ずつの〈ユダヤ人〉だった。「蛆虫を神は天使にする[83]」ことを自分で成し遂げようとの妄想にとらわれたレーブ教授の実験は、無惨にもユダヤ人たちが毛もまばらなハゲタカへと〈変態〉する結果となった。そして敗戦直後、飢えたドイツ人の市民たちによって恐怖でおぞましい声をあげる〈ケダモノ〉は、棍棒やナイフでまたたくまに細切れにされて彼らの胃袋に収められた。レーブ教授の実験の場所のちょうど向かいに住んでいて一連のなりゆきを好奇心いっぱいで目撃していた少女ゲルトルート・エンクは父にいつも言い聞かされていた。

やめておけ。あの中で起きていることには首を突っ込むな。わしらドイツ人は、あまり多くを知らないほうが身のためなんだよ[84]。

レーヴィはこの作品においてレーブ教授の恐るべき所行を見て見ぬふりをしただけでなく、それに加担してユダヤ人の生命そのものを収奪した一般のドイツ人をもストレートに描いている。中心人物のレーブ教授は、彼の論文において天使＝人間＝ドイツ人、蛆虫＝完全なる姿とは縁のない蛆虫＝ユダヤ人とした。それにもとづいて悪魔の実験を強行したことは、収容所で数々の生体実験を試み〈死の天使〉と恐れられたメンゲレ博士を彷彿とさせる。そしてドイツの敗戦後は「死んだということになっている[85]」レーブ教授は、戦後は名を変えて南米まで逃亡し35年間も生き延びたメンゲレ博士を皮肉っているようである。この物語においてレーヴィは、レーブ教授を人間改造の悪行を行い、しかもその責任を逃れきるドイツ人への比喩としたのではなかろうか。

## 4・(3) 人間と非人間の閾

以上の短編のほか『天使の蝶』には、人間と獣、生物と無生物、生物と機械、そして自然と人工の閾を超えたものを題材にした作品群がある。

『眠れる森の美女』は、冷凍した美女を都合の良い時に解凍して利用するブラックユーモアの趣のある話であり、冷凍によって美と若さを保っている人間は生者と死者の閾にいる。その美女パトリシアは「あたしが超えてしまった一線を超える者が、誰しも払わなければならない代償[86]」として屈辱と孤独のなかにいた。ナチスにおいて一線を超えたものは見事に実在したが、冷凍美女パトリシアと異なって自身の責任において代償を引き受けなかった。

『人間の友』の文学を綴るサナダムシは、駆除されることを予見して宿主に願う。「僕と君。一つの肉体であるいま、なにものもこれを引き離すことはできない。僕と君…光こそが死、闇は不死を意味する[87]」、そして訴える。「あなたには、ぜひ考えてほしい。わかってほしい。僕の隣人であり、兄弟でもある、偽善者の人間よ[88]」。しかし著者サナダムシの願いがききとげられることはなかった。まるで同じ人類でありながら寄生虫として分別されたユダヤ人のように駆除されたのである。ここにおける光と闇、死と不死、兄弟と偽善者、この対比にレーヴィは深い意味を込めているのであろう。

『《ミメーシン》の使用例』では〝三次元複製機〟によって妻エンマの複製エンマⅡを作成し、オリジナルの妻エンマⅠをうとましく思いはじめる男ジルベルトの話である。ジルベルトはエンマⅠを〈選別〉して気詰まりな生活を打開するため〈カタをつけて〉しまった。その方法とはジルベルトⅡを複製してエンマⅡの住民登録をして好きなほうと夫婦になることであった。自己と複製、他者とその複製の閾はどこになっていくのであろうか。この物語には欲望と自己都合を極限まで追求していくことへの倒錯したユーモアとそして恐怖が込められている。

異形なものの孤独と烈しい情念を描いた『ケンタロウス論』は上半身が人間、もう片方が馬という半人半馬でありながら人間の娘に叶わぬ恋をしてしまったトラーキの物語である。作者レーヴィは科学者であり文学者であり、一旦殺された人間であり、また生き返った人間であり、過去と現在のあわいにいる。「レーヴィにとって、ケンタロウスは、分裂した自己自身の比喩であるとともに、人間の本性の隠喩でも[89]」ある。閾を超えるレーヴィは無信仰者でありながら、神話的世界を美しくそして悲しみにみちた物語として創りだした。

これらおぞましさと悲哀の同居するブラックユーモアに偽装された作品群の中で特に痛々しさのみちている作品が『転換剤』である。「ほかのあらゆる感覚―とりわけ心地よい感覚―は、やがて疲れ，消滅してゆくというのに、痛みだけは抑えつけることも、黙らせることもできない。なぜならば、痛みは生と一体であり、生の番人でもあるからだ[90]」。ここにはレーヴィの収容所体験を知るものに彼の傷がいかに深く終生のものであったかを悟らせるものがある。これら『天使の蝶』の強烈なインパクトを与える作品群のなかでただひとつほのかに温かい印象を残すものに『記憶喚起剤』がある。「これは、場所でも時間でもない。ある人の思い出だ[91]」。あらゆる体験のなかで最後に記憶に残るものはなんであろうか。香りははかなく、けれどもふとした時にあらゆるイメージを喚起する。この作品にはかけがえのないものへ捧げるレーヴィの繊細な詩人としての感性が宿っており、愛するものへの哀惜が余韻を残す。そして愛と優しさをもつものは片隅に静かに退場していくであろうとの諦念が漂っている。

## 5 『溺れるものと救われるもの』

それよりこの方いつとはなしに、かの苦悶また帰り来たるや、わがもの凄き話終へでは、この心衷に燃ゆるなり。

『コウルリヂ詩選』斎藤勇訳より[92]

プリーモ・レーヴィはアウシュヴィッツから生還して42年後の1987年、突如として自殺をとげた。レーヴィは故郷のイタリアで化学者として有能に勤め上げ、作家としても数々の賞を受け人生に成功していたはずであった。それ以上にフランクルのように極限を克服した象徴として人びとに希望と勇気を与えていた。哲学者ツヴェタン・トドロフが慨嘆したように『レーヴィが自殺しなかったらすべてが単純明快であっただろうに』と書いたようにレーヴィの存在そのものが生還を勝ち得たオデユッセウスの物語のようになる筈であった。いや、レーヴィだけではない。奇跡的な僥倖と本人の強い意志力によって辛うじてナチスの収容所を生き延びた者に、なぜ自殺者が多いのか。同じようにアウシュヴィッツと拷問を生き抜いた哲学者でレジスタントでもあったジャン・アメリーも1978年に自殺した[93]。

まったくなぜレーヴィは自死してしまったのか。彼の死の1年前に刊行されたこの『溺れるものと救われるもの』はまるで彼の遺言の書のようである。そしてこの作品の巻頭にはまるで自死を暗示させるような『老水夫』という詩が引用されている。

そして『溺れるものと救われるもの』の3章のタイトルは「恥辱」である。それは「選別の後に、そして非道な行為を見たり、体験するたびに、私たちが落ち込んだ、あの恥辱感だった。［中略］正しいものが、他人の犯した罪を前にして感じる恥辱感で、その存在自体が良心を責めさいなんだ[94]」のであり、そしてレーヴィは解放されて自由を取り戻したというのにふたたび恥辱感や罪悪感がおそってくることに苦しむことになる。もちろん解放自体の正真正銘の喜びは、戦いに具体的に勝った兵士や政治家に見出されることはレーヴィも承知している。レーヴィも収容所の奴隷状態から解放されたときは燃え立つような歓喜を覚えた。しかし収容所の闇から抜け出すと、自分は傷つけられたという再び獲得された自意識に苦しむことになる。そのようなレーヴィに若く無邪気な読者はこう問いかける。「なぜ、あのような暴虐にされるままに？なぜ抵抗しなかった？できたはずだ。そうすべきだった」。自分で望んだ訳でも怠惰からでもなく、罪を犯したわけでもないのに、まるでレーヴィ自身が裁かれ責められている被告のように追い込まれる。この理不尽さに自己防衛したくなりつつも、それでも彼は収容所において人間的な連帯を欠き、より弱いものの訴えに耳を塞いだことに罪の意識を感じるのだ。

このようなレーヴィが特に述べたかったことは〈灰色の領域〉というものである。人間社会には敵と味方、善と悪に単純に二分化することが、強固に存在している。それは特権者には都合がよく、一般人もそれを好みたがるからである。こうして〈特権〉と協力という〈灰色の領域〉が占領国政権にも収容所にも存在する。そしてひとりの人間の心の中にも自己保身と自己犠牲の間の〈灰色の領域〉というものが存在する。ゆえにレーヴィは、アウシュヴィッツから４０年ほど経った〈時の風化〉について、罪の責任を矮小化しようとする加害者側だけでなく、被害者であった自己の内面についても自省を深めていく。

## 6　「シェーマ」（聞け）

レーヴィの私家版にもとづいた詩集『不安の時代』に収められたものに「シェーマ（聞け）」という詩がある。もともとは『アウシュヴィッツは終わらない』の巻頭詩として書かれたものである。この詩集は愛妻の60歳の誕生日に捧げられた心温まる「蛍」や、死を迎えるときは、長く打ち続けてくれた心臓に「さあ、ありがとう、もういいよ」とよびかけたいと綴った「果たせぬ重荷」などほのかなユーモアを交えた全体としては優しいトーンに満ちた、ひかえめな言葉から編まれている。そのような詩のなかでこの「シェーマ」は異彩を放っている。ちぎれたパンを求めて争うことに〈これが人間か〉と、髪もなく名もないことに〈これが女か〉と呻くように叫ぶように突きつける。それはそのように追い込んだナチスに対してか、無様な自分たちに対してであろうか。読むものへ（読まないものにさえ）叩きつけるような命令形で、「考えてみるがよい」「刻み込め」「繰り返せ」と詰め寄る仮借ないくり返し、「よく考えない」のなら、「くり返し語り聞かせ」ないのなら滅びるがいい、とまで言い切っている。この激烈な詩は、けれども憎しみに満ちた呪詛でもない。それは呼びかけても叫んでもまったく耳を貸そうとしない、それどころか、壁のような無関心に向かって、「みずからを叩きつけ、粉々に砕ける声なのです。『聞け（シェーマ）』と叫ぶこの声は、レーヴィのものであって、もはやレーヴィのものではなく、レーヴィに『臨んだ』――神の、というのが私たちにわかりにくければ――死者達の声が、身もだえする悲しみが、レーヴィののどを突いてほとばしっている[95]」のである。

志村によればレーヴィには「ナチスの収容所を生きのび、人類の負の歴史とそれを超える希望を語りつぐことを自らに課す、という共通のベースがあっただけでなく、一個の人間同士として、深く共感しあうところがあった(96)」リゴーニ・ステルンという畏友があった。初老に達したレーヴィはトリーノという大都会の中で，心身ともに厳しい状況にさらされていた。そんなレーヴィを気遣い、リゴーニは幾度となく自分の生まれ故郷アルプス山麓の村アジャーゴへ誘っている。

『どうか来たまえ。気の進まない人間に出会うことのない森に出かけよう。海の底のような深い緑に包まれて、コケを踏んで歩こうではないか。さもなければスキーを履いて、雪にきらめく静寂のなかを。そうすればアウシュヴィッツの苦渋、仕事と家族の重荷を、きみは忘れることができるだろう』。だが、強い信頼と友愛の絆も、最終的には彼を引き止めることはできなかった(97)。

ナチス全体主義の恐ろしさを語り伝えてきたレーヴィの心を苦しめていたのは無理解な他者に対する怒りだけでなく〈生き残ったものの恥の感覚〉であり、その呵責をいだきつづけていた。『休戦』で、人間の生命力の輝きを謳い、若き学生たちに狂信的国家主義の危険を誠実に穏やかに語り伝えてきたレーヴィの晩年の「シェーマ（聞け）」の激列な調子は、戦後42年経っても彼の心から消え去らなかった焔があったことを推しはからせる。レーヴィに遺書の類いはなく、〈語りつぐこと〉を自らに課したレーヴィの無言の死の意味は、こうして重い謎のまま私たちに残されたままである。

# 第4章　フランクルとレーヴィ

## 第1節　フランクの視座

収容所におけるフランクルの観察はもともと医学者であるだけに非常に冷徹である。その記録は渡邊によれば、「被収容者たちが辿る心的段階は、第1に収容ショック、第2に無感動、第3に解放経験となる[98]」。第2段階である無感動は〈心を包む最も必要な装甲〉であったが、しかし過酷な環境下でもある態度をとる人間の最後の自由はナチスでさえも奪えなかった。ここであらためて指摘できることは、フランクルのロゴセラピーは収容所体験を基に初めて考え出されたものではなく、収容される時点ですでにその理論はほぼ完成しており[99]、はからずもその理論の正当性を収容所体験のもとに立証することができたと言えることである。しかし言い換えるとそれは自分の理論にあてはまる実例に焦点をあてはめていったともいえる。そして神、あるいは神的なものの存在を証明する方向へと、つねにベクトルが向かっているフランクルは、数少ない高貴な行いをした人間を普遍的なものへと帰納してみせる。フランクルはガス室行きが決まった囚人が残されるものへパンを置いていく場面をもってかくも人間は素晴らしいという。それに対してエリの描く雪の中の無蓋列車で父と子でパンを奪い合う場面は人間の行きつく果ての極北である。

フランクルが苛酷な労働の後にも、仲間と夕陽の美しさに感動する場面は美しく、しばしば人間性への讃歌として数多くの人生論に引用される。それに比べてエリの絞首台に揺れる少年の挿話が引用されることはあまりにも少ない。フランクルと同じ精神科医の小俣和一郎はギッター・セレニーの『ナチ絶滅収容所長との対話　人間の暗闇』を訳した。彼はそこで「精神科医としての道のりを歩み始めたが、今から思えば、その職業選択の動機の一つに、青年期に読んだフランクルの『夜と霧』があったように思う。そこで最初に抱いた関心は、犠牲者の悲惨な運命というよりも、むしろ『何故、このような事態が起こり得たのか、人間は何故、このような残虐な行為を行うことができたのか』という加害者側の『心の闇』にあった(100)」と記している。

同じ『夜と霧』を読んでも、それへの視点のもちようはさまざまである。極限における人間の崇高さに感動するものと、逆に人間の心の暗闇への疑問をもつもの、それはわれわれ人間が心の中に光と闇双方の面を内在させるかぎり必然であろう。

## 第2節　アウシュヴィッツでのフランクル

『夜と霧』に書かれたフランクルの強制収容所体験はすべてアウシュヴィッツでのことだと多くの読者は思っているかもしれない。フランクルの足跡を辿っている朝日新聞の河原理子も錯覚していたことをこう述べている。「フランクルは、これをドキュメントとして記そうとしたわけではなく、収容所生活がひとりの魂にどう作用したかを語ろうとしたので、『いつ・どこで』は必ずしも明示されず、混然としている。私自身、ずいぶん長いこと、『これはアウシュヴィッツの話だ』と思い込んでいたように思う」[101]。実際においてフランクルは、1942年、37歳の秋から1945年、40歳の春に解放されるまでの、約2年7ヶ月の間に3カ所の収容所を体験させられた。最初の移送先は、現在のチェコにあるテレージエンシュタットで、2年1ヶ月の収容であった。次にアウシュヴィッツへ移送されたが、そこへ留め置かれたのは3日ないしは4日ほどであった。そしてすぐに、半年ほど収容されることになるドイツ南部バイエルン地方のダッハウ強制収容所の支所、カウフェリング第三とテュルクハイム（カウフェリング第六）へ移送された。

最初に送られたテレージエンシュタットはナチスの対外プロパガンダとしての特殊な収容所であった。そこでは、両親、最初の妻とも共に過ごすことができ、高齢の父を診療所で看取ることもできた。なによりそこは国際社会に〈快適なユダヤ人自治移住区〉をアッピールするために、演奏会、演劇、オペラ、美術、講演会などの文化活動が許されていた。フランクル自身、医師として専門の精神衛生の分野で収容者の自殺防止に取り組むことができ妻とコンサートへ出かけることもできた。また、最後のテュルクハイム収容所でも医師として働くことができた。これはつまりフランクルは収容所の囚人の中では特権階級といっては言い過ぎでも恵まれた立場であったといえる。レーヴィもまた化学者として研究所に選ばれたおかげで生き残ったと自覚している。そこでは「貨車を押し、鉄骨を運び、石を割り、シャベルで土を掘り、凍りついた鉄製の道具を裸の手で握る」[102]消耗戦のような労働から解放され、暖かい部屋で坐っていられ、飢えの問題も解決できた。そこには、ノートや鉛筆や石鹸やベンジンもあり、それに何ヶ月も見ていなかった〈女〉を見ることもできる、それまでレーヴィが遮断されていた人間らしさのある天国なのである。

そのレーヴィは1944年1月から1945年1月に解放されるまでの一年間、正真正銘アウシュヴィッツに収容されていた。ゆえに『アウシュヴィッツは終わらない』の訳者あとがきで竹山博英がアウシュヴィッツの収容所の生活を描いた作品として、『アウシュヴィッツは終わらない』と、アウシュヴィッツ、ブーナ、ブーヘンヴァルトと苛酷な収容所生活をおくったエリ・ヴィーゼルの『夜』をあげている[102]のはもちろん是であるが、フランクルの『夜と霧』をあげているのは妥当でないと考える。ギリシア古典劇であるなら三単一の原則により「ただ一日のできごと」でも作品になるが、フランクルの場合は「アウシュヴィッツの生活」と言えるほどのものではない。しかるにフランクルといえば即アウシュヴィッツを連想する人が多い。堀田善衛もフランクルへ感動したという「夜と霧　日々の死のなかで」の見出しの横に「アウシュヴィッツ強制収容所で、生命はどんな意味を持っていたか[103]」と記している。また、曾野綾子も「『夜と霧』の中のいくつもの忘れがたい箇所の一つに、アウシュヴィッツの人々が、解放後、初めて門の外へ――自由の中へ――よろよろと出ていった日の情景がある[104]」と感銘を述べている。しかしアウシュヴィッツの解放時にはフランクルは既にそこにはいなかったのである。にもかかわらずアウシュヴィッツとフランクルのイメージの結びつきはこの国民的作家にも錯覚をおこさせるほど強烈である。これは邦訳『夜と霧』のタイトルが、「アラン・レネ監督によるアウシュヴィッツに関するドキュメンタリー映画『夜と霧』から借用している[105]」ことも起因すると思われる。旧訳『夜と霧』における「出版者の序」でも「ここに読者に提供するものは、自らユダヤ人としてアウシュヴィッツ収容所に囚われ、奇跡的に生還したフランクル教授[106]」と紹介されているので、読者は本文全部がアウシュヴィッツの話と思い込むであろう。また『フランクル回想記』にも、2年1ヶ月収容されていたテレージエンシュタットについて、午前中暴行を受けても夜は妻に包帯を巻いてもらえたりするというエピソードは挿入されているが、1章としてはもうけていない。反面、3日間ほど留置されただけのアウシュヴィッツについては1章をもうけている。その中でガス室へ〈搬出〉されそうになったフランクルにわざとぶつかってはじき出して救出してくれた監視員のことを、テレージエンシュタット時代のおよび名と同じく「チンピラやくざ[107]」と見下して述べていることはエリート主義者なのかと理解に苦しむところである。どちらにしろ、フランクルがアウシュヴィッツで選別の危機にさらされたことは事実であり、ガス室のないテレージエンシュタットやカウフェリングと異なりガス室のある絶滅収容所アウシュヴィッツは、たとえ3、4日の滞在でも選別の恐怖を感じたであろう。したがって、読者もその強い印象ゆえフランクルの全強制収容所体験はアウシュヴィッツのことだと思い込んでしまっても不思議ではない。

これまでフランクルの『夜と霧』の本文の中で、有名な夕陽を眺めるシーンや収容所仲間との心温まる遣り取り、そして死を目前にして収容所体験に感謝するという若い女性との会話など確かに美しいが、なにか釈然としない感じがあった。しかし、それらの挿話がアウシュヴィッツ以外の収容所でのことがらと混ぜあわせて構成されていることを認識すると理解されやすい。他のホロコースト作家たちの描いた収容所生活のそれこそ地獄絵図に比較してフランクルの世界が超然としているのは、フランクルがより知性と精神性にすぐれていたからであるとみなされているかもしれない。しかしそれだけでなく彼らのおかれた状況も大いに違いがあった。ウィーン出身のフランクルは収容時37歳でドイツ語は母語であり、アイデンティティを保てる医師として働ける期間が長かった。けれどもクリューガーの場合、ドイツ語は母語であっても収容時10歳の女の子であった。ハンガリー籍のエリは収容時15歳の少年でドイツ語は外国語であり常に殴打されていた。イタリア系ユダヤ人のレーヴィは収容時24歳の若者であり、ドイツ語やポーランドの言葉が理解できなかった。それはナチスやカポーの指図も理解できず死の危険性がいっそう高い状況を意味した。つまり、フランクルは成熟した大人の医師で、夫婦の不和に悩んでいるカポーに専門家のセラピストとして助言したお蔭で、そのカポーに慕われ守られているときもあった(108)。対してクリューガー、エリ、レーヴィは女性、子ども、あるいは若者であり贔屓にされるどころかいつも虐待や選別されるリスクにさらされていた。それだけにフランクと比較して収容所の衝撃とトラウマは大きかったことは彼らの著作にみちている呻きが示している。もちろん父をテレージエンシュタット収容所において病で亡くし、母をアウシュヴィッツのガス室で、弟を鉱山で殺され、妻を解放された後、餓死で失ったフランクルとて悲劇的人物である。それでもやはりなにかと強運であった彼にならって〈アウシュヴィッツなるもの〉ですら、人間の精神の如何によって乗り越えられると安易に受け入れては、間違いを犯すこともあると思える。あるいはフランクルのいう義人たちと違って、いっぽうのナチスおよびナチス的なるものは、味方を裏切らないため拷問に耐え抜こうとする人間に対し『一日、二日、三日。もしかすると、頑固に構えればおれたちに感嘆の念を起こさせ、そのあげく勘弁してもらえると思ったのさ。そいつはおれたちがどういう男か知らなかったのだ。そいつはおれたちの心に嫌悪と侮蔑の念しか起こさせなかった。』[109]」ような、いわゆる義人と真逆の鉄と氷のかたまりなのだ。

# 終章

## 第1節　よきひとは帰ってこなかった

『フランクル回想記』には、アイゼンハワー米大統領未亡人に招かれたり、ローマ教皇パウロ六世に謁見している写真などが掲載されている。このようにホロコーストの名士となったフランクルと、結局自死したレーヴィは対照的にみえるが、奇しくも2人とも同じ感慨を述べている。

フランクル曰く「すなわちもっともよき人々は帰ってこなかった[110]」であり、レーヴィが結論したものも「ラーゲルの『救われたものたち』は、最良のものでも、善に運命づけられたものでも、メッセージの運搬人でもない。〔中略〕最悪のものたちが、つまり最も適合したもの達が生き残った。最良のものたちはみな死んでしまった[111]」であった。

同じくアウシュヴィッツを生き抜いた者同士でありながら、「人生は神が課した使命[112]」と信じるフランクルと、「ラーゲルの体験は、その恐ろしい邪悪さは、私の無信仰を更に固めた[113]」と名状したレーヴィは、反対の極地にたつ。結果は信仰なく自死に終わったレーヴィに対して、信仰をもち名士となり92歳の天寿を全うしたフランクルの勝利であろうか。

しかし、信仰なら「神はわれらのもとに（ゴット・ミット・ウンス）」と唱えたナチス側にもあったのである。また〈共同責務〉について、フランクルは一律にドイツ人というだけでナチスと同罪に裁かないという見解を示している。「ラベルをはって『一括判定』するのは、ナチスドイツの発想と同じなのだ。それを否定して、二度と繰り返さないようにするには、ラベルをはり返すのではなく、その発想から抜け出す——『悪をもって悪に報いるのではなく、悪を克服する』しかないと考えた[114]」フランクルの哲学は寛容精神の気高さを想起させる高い次元にたつ。いっぽうレーヴィは「大多数のドイツ人たちの責任があることも明確にしなければならない。彼等は初めは、知的怠惰さ、近視眼的な計算、愚かさ、国民的誇りなどから、ヒトラー伍長の『美しい言葉』を受け入れ、幸運と良心を欠いた破廉恥さが有利に働く限り、彼についていった[115]」と厳しく弾劾する立場にたつ。

こうしてフランクルがドイツ人全体をひとくくりに非難しないことや「苦難と死こそが人生を意味あるものにする[116]」ことに対してレーヴィは「イエス」と言わない。なぜならこちら側のユダヤ人はユダヤ人というカテゴリーそれだけで、一括されたのであるから到底容認できないことなのだ。そして「殺人者とその犠牲者を混同することは、道徳的な病であるか、あるいは審美的な悪癖であるか、あるいは不吉な共犯の印であることも知っている。それは特に真実を否定するものへの貴重な奉仕である（意図的か、そうでないかにかかわらず[117]）」と容赦なく断罪する。

しかし、普通の人間関係においても被害者意識を過剰に持ちすぎると、うまくいかないところがある。とくにヴィーゼルやレーヴィも自覚していたとおり、ネガティブに怒ったり嘆いたりするばかりでは、すでに問題意識をもった人にしか声が届かない。フランクルが、たとえその深遠なる信仰を、信仰無き人々に都合良く漂白されて参考書的な〈不条理の乗り越えかた読本〉と安易に引用されても、多くのひとに届くのであれば実際に役立つありかたであろう。告発を避け、人間性と信仰の勝利を謳うフランクルの人気に比べて、告発し人間と神への絶望へ沈む作家たちはいまひとつ人気がない。ノーベル賞作家であってもヴィーゼルは偽ものの剽窃者であり、ホロコースト商売人だとまで非難するひともある。クリューガーも強制収容所からの脱出に成功し、その後も母と娘が協力しあって生き抜いたという「一篇の『エスケープ・ストーリー』[118]」にまとめておけば最初の出版社に出版を断られなかったかもしれない。しかし、いかに告発することが低次元とみなされても、あるいは商業主義的には歓迎されないとしても、人間の極北の悪が凝縮される戦争の本質は重層的に記録されなければならないと考える。そのためにはフランクル流の前向きの姿勢を評価するだけでなく犠牲者たる死者の叫びをも共有していかなくてはならないのではなかろうか。

アウシュヴィッツ解放後40年、レーヴィはさまざまな手段で死者たちのかわりにナチス的なるものを告発し、未来の世代へ警告しつづけてきた。事故死にしろ（一説にはある）、自死にせよレーヴィの死は、それに捧げられたと解釈するのは感傷的にすぎるであろうか。たとえ事故死であったとしても彼の精神の深層に積もっていたナチスが体現する人間悪と、死者たちの無念の毒が目眩を誘ったのではないだろうか。

頭で考えることといったら、何年か前に医者を訪れたときにふと気がおかしくなったことのあるグレート・ポートランド街のさる建物の四階の踊り場から、吹き抜けの真っ暗な奈落の中へ自分はどうしても身を踊らせなくてはならない、といったことなのでした(119)。

2001年に刊行された『アウステルリッツ』における、このアウステルリッツのつぶやきは、まるで1987年に四階の踊り場から身を踊らせたレーヴィの死を悼んでいるかのようである。

## 第2節　終わりに

第二次世界大戦が終結し、ナチスの戦慄的犯罪への深い反省と共に人類は一段と進化し、このような非道は行われなくなるのだとイノセントに信じることのできた時期があった。けれども情報が比較にならないくらい進歩した現代においても、ポルポトのキリング・フィールドが、ルワンダの、スーダンの大虐殺がおき、国際社会は対策会議を開いたが結局会議が続いただけであった。自死したレーヴィの絶望は明日、いや今日のわれわれ自身の世界への懐疑となる。現在でも臨床心理に応用されているフランクルに比較して、レーヴィのメッセージは実際の世界の役にはたってはいないようにみえる。結局、人類の良心を代表する彼の魂の声は文学上のなぐさめにすぎないのだろうか。実利的には文学も言葉も虚しいだけの役立たずに過ぎないかもしれない。カトリック作家フランソア・モーリヤックが、収容所体験を伝えたエリ・ヴィーゼルに向かい合ったときの言葉は、言葉の限界を示している。

では私は、〈神〉は愛なりと信じている私は、この若い話し相手にいったいなんと答えることができたであろうか。〔中略〕しかし、私にできたのは、ただ涙しながら彼を抱擁することだけであった[120]。

しかしこの抱擁を後代のわれわれに伝えてくれるものもまたほかならぬ言葉なのである。また、近代ドイツの知性と良心を代表するトーマス・マンは「芸術は不良なものを軽蔑するが、一度として悪の勝利をくいとめたことがない。〔中略〕それにしても人類は、罪に濁った目を芸術の純潔さからすっかりそらしてしまうことは、けっしてできないだろう」と喝破した[121]。なるほど無力なる文学が真・善・美を幼い魂に植えつけても、障害者、高齢者、失業者などの「『ただ負担になるだけの』国民の大量虐殺は、現代国家にとって永遠の誘惑である[122]」なら、われわれが無垢で無力であるかぎり、次なるヒットラー、新たなる「ビッグブラザー[123]」への抵抗は困難となるであろう。まさにフランクルに代表される楽天的肯定論のいうどのような極限においても、人間の魂の輝きは失われないと安心しているだけでは、シゲットで人間の善性への幻想にとらわれていたユダヤ人と同じになる危険性がある。だからといってレーヴィの絶望に同調して虚無主義に逃げ込むことも希望のない世界であろう。人間の理性への信頼にたつフランクルの著作と対照的なレーヴィたちの作品を読むと、われわれは悲観的な思いにとらわれるかもしれない。そうかもしれないが、理性という羅針盤だけでなく倫理という底荷（パラスト）を積んでこそ航海は安定すると古の賢人は語った。クリューガーやヴィーゼル、ゼーバルト、そしてレーヴィの作品にみられる悲憤や悲哀は倫理がまったく顧みられなかったことへの訴えであり底荷なのである。しかしことに日本においてアウシュヴィッツといえば絶対的にフランクルであり、フランクルが象徴する希望の帆だけがふくらんでいるようである。クリューガー、ヴィーゼル、ゼーバルト、そしてレーヴィなどが訴える悪の糾弾としての底荷は、フランクルに比較して軽いままである。この公正のバランスを崩したまま航海して行っては、いつか来る嵐に見舞われたとき船は転覆してしまう危険がある。このようにフランクルのカリスマ化を懸念したものであるが、それではフランクルとレーヴィ等は共通しあえないのであろうか。

ところで「彼は文字通り他の人々のために自らの苦悩を捧げたのであり、自らの病によって他の人々に免疫を与えることに貢献したのである」(124)というフランクルの言葉はもしかしてレーヴィに当てはめても不思議ではない。実はこの言葉は直接的には自分の病歴を精神療法の体系に寄与したものへ与えたものであるが、敷衍的には精神療法一般を超えて苦悩する人々すべてに捧げたものである。ここにおいてこの言葉はレーヴィに通じることにもなる。レーヴィは抹殺された無辜の人びとが忘却されることに抗い、自らの苦悩と死を免疫なき後世への予防薬として残した。フランクルは人間精神の光へ向かい、レーヴィは人間の闇を見据えた。このように対照的にみえるフランクルとレーヴィであるが、弱きもの、病むものの存在の意義を確認していることは両者に通底しているといえる。ただ日本におけるフランクルのカリスマ化は彼の意図したところではないにせよ、アウシュヴィッツ的なるものは乗り越えられると精神論へ重点を移すことで相対的に戦争悪を希釈することにもつながりかねない。フランクルの光の強さはレーヴィたちがつくる悲嘆の承継としての、悪への抑止力としての影の居場所さえ確保できないほど強力である。また、フランクルの苦難肯定が、もしかして次なる戦争への伏線にも利用されるかもと危惧することが全くの杞憂であったなら幸いである。

こうして日本におけるフランクルのカリスマ化への違和感を提起したのであるが、しかし、われわれが生きていくことを選択するからには究極的にはフランクルが示す赦しと和解への起点を振り返らなければならないのであろう。そこに至る道程、その道筋にはクリューガー、ヴィーゼル、ゼーバルト、そしてレーヴィが道標として堰として存在している。

## 参考文献（抜粋）


(1) V・E フランクル（池田香代子訳）『夜と霧　新版』、p.157
(2) V・E・フランクル（山田邦男 / 松田美佳訳）『それでも人生にイエスと言う』、p.167
(3) 河原理子『フランクル“夜と霧”　への旅』、p.185 参考
(4) 河原理子『フランクル“夜と霧”　への旅』、p.187
(5) 河原理子『フランクル“夜と霧”　への旅』、p.199
(6) 河原理子『フランクル“夜と霧”　への旅』、p.202
(7) 饗庭孝男「フランクル『夜と霧』」、『理想』、p.137 ～ 138
(8) 饗庭孝男「フランクル『夜と霧』」、『理想』、p.139
(9) 堀田善衞「夜ときり日々の死の中で」、『朝日ジャーナル』、8（31）、p.39
(10) 堀田善衞「夜ときり日々の死の中で」、『朝日ジャーナル』、8（31）、p.39
(11) 河原理子『フランクル“夜と霧”　への旅』、p.37
(12) V・E・フランクル（池田香代子訳）『夜と霧　新版』、p.166
(13) 河原理子『フランクル“夜と霧”　への旅』、p.54
(14) V・E・フランクル（池田香代子訳）『夜と霧　新版』、p.163
(15) V・E・フランクル（池田香代子訳）『夜と霧　新版』、p.164
(16) V・E・フランクル（霜山徳爾訳）『夜と霧』、p.207 ～ 208
(17) V・E・フランクル（池田香代子訳）『夜と霧　新版』、p.164
(18) 2.Aufl.,Franz Deuticke,Wien,1947
(19) V・E・フランクル（山田邦男 / 松田美佳訳）『それでも人生にイエスと言う』、p.15
(20) エリ・ヴィーゼル（村上光彦訳）『夜　新版』、p.78
(21) 河原理子『フランクル“夜と霧”　への旅』、p.170
(22) 河原理子『フランクル“夜と霧”　への旅』、p.169
(23) V・E・フランクル（山田邦男 / 松田美佳訳）『それでも人生にイエスと言う』、p.18
(24) V・E・フランクル（山田邦男 / 松田美佳訳）『それでも人生にイエスと言う』、p.34
(25) エリ・ヴィーゼル（村上光彦訳）『夜　新版』、p.182
(26) 永田勝太郎「ロゴセラピーとは—ロゴセラピーの哲学と技法」、『Comprehensive Medicine 全人的治療』、Vol.11　No.1’　p85
(27) フランクル『それでも人生にイエスと言う』、p.76
(28) 永田勝太郎「ロゴセラピーとは—ロゴセラピーの哲学と技法」、『Comprehensive Medicine 全人的治療』、Vol.11　No.1’　p83
(29) ルート・クリューガー（鈴木仁子訳）『生きつづける　ホロコーストの記憶を問う』、p.92
(30) ルート・クリューガー（鈴木仁子訳）『生きつづける　ホロコーストの記憶を問う』、p.15
(31) ルート・クリューガー（鈴木仁子訳）『生きつづける　ホロコーストの記憶を問う』、p.163
(32) ルート・クリューガー（鈴木仁子訳）『生きつづける　ホロコーストの記憶を問う』、p.287
(33) V・E・フランクル（山田邦男訳）『フランクル回想録　20 世紀を生きて』、p.192
(34) ルート・クリューガー（鈴木仁子訳）『生きつづける　ホロコーストの記憶を問う』、p.336
(35) ルート・クリューガー（鈴木仁子訳）『生きつづける　ホロコーストの記憶を問う』、p.158
(36) ルート・クリューガー（鈴木仁子訳）『生きつづける　ホロコーストの記憶を問う』、p.96
(37) ルート・クリューガー（鈴木仁子訳）『生きつづける　ホロコーストの記憶を問う』、p.8
(38) ルート・クリューガー（鈴木仁子訳）『生きつづける　ホロコーストの記憶を問う』、p.180
(39) ルート・クリューガー（鈴木仁子訳）『生きつづける　ホロコーストの記憶を問う』、p.260
(40) 山口庸子「戦後ドイツのユダヤ文学：ルート・クリューガーの『生きつづける』を手がかりに」、『ナマール』、(1) - (4)、p66
(41) ルート・クリューガー（鈴木仁子訳）『生きつづける　ホロコーストの記憶を問う』、p.205~p206
(42) ルート・クリューガー（鈴木仁子訳）『生きつづける　ホロコーストの記憶を問う』、p.115
(43) ルート・クリューガー（鈴木仁子訳）『生きつづける　ホロコーストの記憶を問う』、p.221
(44) 浜崎桂子『生きつづける　ホロコーストの記憶を問う』、『ドイツ研究』、29 号、p.129
(45) ルート・クリューガー（鈴木仁子訳）『生きつづける　ホロコーストの記憶を問う』、p.233
(46) ルート・クリューガー（鈴木仁子訳）『生きつづける　ホロコーストの記憶を問う』、p.200
(47) ルート・クリューガー（鈴木仁子訳）『生きつづける　ホロコーストの記憶を問う』、p.283
(48) ルート・クリューガー（鈴木仁子訳）『生きつづける　ホロコーストの記憶を問う』、p.190
(49) ルート・クリューガー（鈴木仁子訳）『生きつづける　ホロコーストの記憶を問う』、p.303
(50) エリ・ヴィーゼル（村上光彦訳）『夜　新版』、p.38
(51) エリ・ヴィーゼル（村上光彦訳）『夜　新版』、p.25
(52) エリ・ヴィーゼル（村上光彦訳）『夜　新版』、p.11 ～ 12
(53) エリ・ヴィーゼル（村上光彦訳）『夜　新版』、p.80
(54) エリ・ヴィーゼル（村上光彦訳）『夜　新版』、p.127
(55) エリ・ヴィーゼル（村上光彦訳）『夜　新版』、p.128
(56) エリ・ヴィーゼル（村上光彦訳）『夜　新版』、p.128
(57) エリ・ヴィーゼル（村上光彦訳）『夜　新版』、p.131
(58) エリ・ヴィーゼル（村上光彦訳）『夜　新版』、p.146
(59) エリ・ヴィーゼル（村上光彦訳）『夜　新版』、p.168
(60) エリ・ヴィーゼル（村上光彦訳）『夜　新版』、p.14
(61) 村上光彦「エリ・ヴィーゼルにかんする覚え書き　1」、『成蹊大学文学部紀要 /』、(1) - (3)、p.56

(62) エリ・ヴィーゼル（村上光彦訳）『夜　新版』、p.20
(63) エリ・ヴィーゼル（村上光彦訳）『夜　新版』、p.21
(64) エリ・ヴィーゼル（村上光彦訳）『夜　新版』、p.218
(65) 柴嵜雅子「ヴィーゼルにおける神への問い」、『大阪国際女子大学』、26 (1) -26 (2)、p.3
(66) W・G・ゼーバルト（鈴木仁子訳）『アウステルリッツ』、p.65
(67) W・G・ゼーバルト（鈴木仁子訳）『アウステルリッツ』、p.46
(68) 中野 有希子「『アウステルリッツ』におけるイギリスの都市 < 不在 > としてのホロコースト」、ドイツ文学、第 144 号、p.155
(69) W・G・ゼーバルト（鈴木仁子訳）『アウステルリッツ』、p.20
(70) 河原理子『フランクル " 夜と霧 "　への旅』、p.144
(71) W・G・ゼーバルト（鈴木仁子訳）『アウステルリッツ』、p.146 ～ 147
(72) W・G・ゼーバルト（鈴木仁子訳）『アウステルリッツ』、p.167
(73) W・G・ゼーバルト（鈴木仁子訳）『アウステルリッツ』、p.276
(74) NHK,BS 放送「ヒトラーチルドレン～ナチスの罪を背負って～」、2013.8.15.0：00a.m. ～ 0：50a.m. 放送
(75) 中野 有希子「『アウステルリッツ』におけるイギリスの都市 < 不在 > としてのホロコースト」、p.159
(76) プリーモ・レーヴィ ( 竹山博英訳)『アウシュヴィッツは終わらない―あるイタリア人生存者の考察』、p.11
(77) プリーモ・レーヴィ ( 竹山博英訳)『アウシュヴィッツは終わらない―あるイタリア人生存者の考察』、p.261
(78) プリーモ・レーヴィ ( 竹山博英訳)『アウシュヴィッツは終わらない―あるイタリア人生存者の考察』、p.45
(79) プリーモ・レーヴィ ( 竹山博英訳)『休戦』、巻頭より抜粋
(80) プリーモ・レーヴィ ( 竹山博英訳)『休戦』、p.368
(81) プリーモ・レーヴィ ( 関口英子訳)『天使の蝶』、p.17
(82) プリーモ・レーヴィ ( 関口英子訳)『天使の蝶』、p.95
(83) プリーモ・レーヴィ ( 関口英子訳)『天使の蝶』、p.393
(84) プリーモ・レーヴィ ( 関口英子訳)『天使の蝶』、p.98
(85) プリーモ・レーヴィ ( 関口英子訳)『天使の蝶』、p.101
(86) プリーモ・レーヴィ ( 関口英子訳)『天使の蝶』、p.212
(87) プリーモ・レーヴィ ( 関口英子訳)『天使の蝶』、p.138
(88) プリーモ・レーヴィ ( 関口英子訳)『天使の蝶』、p.141
(89) プリーモ・レーヴィ ( 関口英子訳)『天使の蝶』、p.388
(90) プリーモ・レーヴィ ( 関口英子訳)『天使の蝶』、p.181
(91) プリーモ・レーヴィ ( 関口英子訳)『天使の蝶』、p.34
(92) プリーモ・レーヴィ ( 竹山博英訳)『溺れるものと救われるもの』、巻頭
(93) プリーモ・レーヴィ ( 竹山博英訳)『溺れるものと救われるもの』、p.20
(94) プリーモ・レーヴィ ( 竹山博英訳)『溺れるものと救われるもの』、p.78
(95) 実村文「プリーモ・レーヴィ『シェーマ』(聞け)、『前期 . 第 1 期』、(1) - (2) p.160
(96) 志村啓子「語り継ぐ、ということ　イタリアの抵抗者たち」、『前 . 第 1 期』、(5) - (6)、p.72
(97) 志村啓子「語り継ぐ、ということ　イタリアの抵抗者たち」、『前 . 第 1 期』、(5) - (6)、p.72
(98) 渡邊勉「臨床家のためのこの 1 冊『夜と霧―ドイツ強制収容所の体験記録』、『臨床心理学』、10 (6)、p.953
(99) V・E・フランクル（山田邦男訳）『フランクル回想録　20 世紀を生きて』、p.80 ～ 90 参照
(100) ギッタ・セレニー ( 小俣 和一郎訳 ) 人間の暗闇『ナチ絶滅収容所長との対話 』、p.477
(101) 河原理子『フランクル " 夜と霧 "　への旅』、p.131
(102) プリーモ・レーヴィ ( 竹山博英訳)『アウシュヴィッツは終わらない―あるイタリア人生存者の考察』、p.173
(103) 堀田善衞「夜ときり日々の死の中で」、『朝日ジャーナル』、8（31）、p.35
(104) 三富紀子「曽野綾子と V・フランクル『夜と霧』」、『群馬県立女子大学国文学研究』、（21）、p.105
(105) 池田香代子「いまも読み継がれる『夜と霧』」、『語りの世界』、（53）、p.12
(106) V・E・フランクル（霜山徳爾訳）『夜と霧』、p.2
(107) V・E・フランクル（山田邦男訳）『フランクル回想録　20 世紀を生きて』、p.128
(108) V・E フランクル（池田香代子訳）『夜と霧　新版』、p.41
(109) 村上光彦「エリ・ヴィーゼルにかんする覚え書き　1 」、『成蹊大学文学部紀要 /』、(1) - (3)、p.35
(110) V・E・フランクル（霜山徳爾訳）『夜と霧』、p.78
(111) プリーモ・レーヴィ ( 竹山博英訳)『溺れるものと救われるもの』、p.91 ～ 92
(112) V・E・フランクル（山田邦男 / 松田美佳訳）『それでも人生にイエスと言う』、p.58
(113) プリーモ・レーヴィ 、前掲書、p.168
(114) 河原理子『フランクル " 夜と霧 "　への旅』、p.181
(115) プリーモ・レーヴィ ( 竹山博英訳)『溺れるものと救われるもの』、p.242 ～ 243
(116) V・E・フランクル（山田邦男 / 松田美佳訳）『それでも人生にイエスと言う』、p.49
(117) プリーモ・レーヴィ ( 竹山博英訳)『溺れるものと救われるもの』、p.48
(118) ルート・クリューガー（鈴木仁子訳）『生きつづける』、p.167
(119) W・G・ゼーバルト（鈴木仁子訳）『アウステルリッツ』、p.121
(120) エリ・ヴィーゼル（村上光彦訳）『夜　新版』、p.28 ～ 29
(121) 村松瑛、檜谷昭彦他『文学』、p.47
(122) マイケル・ベーレンバウム（芝健介日本版監修）『ホロコースト全史』、p.487
(123) ジョージ・オーウェル（高橋和彦訳　新訳版）『1984 年』
(124) V・E・フランクル（山田邦男訳）『フランクル回想録　20 世紀を生きて』、p.177

## 卒論　あとがき

『夜と霧』によって、初めてナチスの強制収容所のことを知ったのは、50年程前の今からすると児童といっていい頃でした。ユダヤ人というだけであのような迫害にあうということに戦慄し、「国や宗教が異なるからといって、人間は人間に対してこのような非道をなしえても市民でいられるのか」という衝撃を受けました。

私個人にかかわることでいえば、その頃は中国人の父のことは秘密にと母に言い渡されてはいました。けれども戦後の経済成長が日本を明るく開放的にしていたお蔭で実際的にそのことで困難はありませんでした。しかし、『夜と霧』が示したように、20世紀の文明圏においてユダヤ人というだけであのような不条理にあうということへの答えはみつからないままでした。

卒論のテーマを決定するきっかけは、『近代ドイツ文学』のレポート返却後の川島建太郎先生の講評欄のコメントでした。このレポートにおいてトーマス・マンの『詐欺師フェーリクス・クルルの告白』を参考文献としたのですが、このパロディ本ともいえる作品中に込められた深遠なる哲学が『夜と霧』以来の「絶対悪と生きる意義」という疑問への手がかりを与えてくれました。ただ、その時点では卒論のテーマを具体的にはどう展開していくかという展望があったわけではありませんでした。

『夜と霧』のフランクルと『詐欺師フェーリクス・クルルの告白』のクルルを比較考察するという私の思いつきは、しかしそれはユニークな試みとしても先行論文も少なく困難でした。川島先生から紹介された他のホロコースト作家たち、クリューガー、ヴィーゼル、ゼーバルト、そしてレーヴィを読み進めていくうちに卒論のテーマや研究方法が浮かび上がってきました。川島先生の具体的なご示唆に啓発されるまで知ることもなかったホロコースト作家達の魂の声が50年来の思いに呼応するようでした。こうしてまったく道筋もわからぬまま踏み出した卒論への道のりでしたが、川島先生が未熟な私を実に根気よく熱心にご指導してくださったお蔭でなんとか最後まで完走することができました。

心から感謝申し上げます。

また、卒論研究の過程において、学友からのご助言やご協力も頂きました。まさに「半学半教」の精神が生きている慶應義塾に学ばせていただけた幸運に感謝いたします。これからは慶應通信で培ったもの、授かったものを大事にしていきたいと思っています。

本当にありがとうございました。

二〇十三年十一月吉日
慶應義塾大学文学部Ⅲ類
学籍番号　〇〇〇
山田愛子

## 著者略歴

**山田　愛子（やまだ　あいこ）**

メンタルマイスター。

中華人民共和国大連市生まれ。

鍼灸師、アロマセラピスト、国際全人医療研究所会員、日本心身機能活性療法指導士会指導士。

（2000年乳がん3期Bの宣告を受け、手術、抗がん剤で治療するも、5年後の生存を主治医より危惧される→ 2022年現在22年間サバイバル中）

宅地建物取引主任者。（東京、アメリカシアトルで不動産取得）

アムネスティ永久会員、川崎市日中友好協会会員。

1949年、祖母、母と共に、中華人民共和国より生後3か月で日本に引き揚げる。カソリックのお嬢様学校から、ファッションモデル、パリで住み込みのベビーシッター、銀座トップホステス、六本木で14年間カラオケラウンジ経営を経て、鍼灸師、アロマセラピストとなる。生後3か月で別れた、中国人の父と45年ぶりの1995年に再会、それからの大連、北京、天津、上海、東京、横浜、パリにおける日中双方の家族との交流を描いた『春の水は東に流れる』を日本語版、中国語版（繁体字）で出版。60歳還暦過ぎに、慶應義塾大学通信教育課程文学部に入学。2014年に、最高栄誉の慶應義塾大学表彰学生（金時計）として卒業。

**ビリ婆ル奮闘記　プラチナエイジで（慶應）金時計**

2023年3月28日 初版発行　　2023年4月21日 第2刷発行

**著　者**　山田　愛子　© Aiko Yamada

**発行人**　森　　忠順

**発行所**　株式会社 セルバ出版
〒113-0034
東京都文京区湯島1丁目12番6号 高関ビル5B
☎ 03（5812）1178　　FAX 03（5812）1188
https://seluba.co.jp/

**発　売**　株式会社 三省堂書店／創英社
〒101-0051
東京都千代田区神田神保町1丁目1番地
☎ 03（3291）2295　　FAX 03（3292）7687

**印刷・製本**　株式会社 丸井工文社



●本書の内容に関する質問はFAXでお願いします。

Printed in JAPAN
ISBN978-4-86367-806-4